[英]巴兹尔·利德尔·哈特——著　梁力乔——译

一个英国军事顾问眼中的二战

THE HISTORY OF THE SECOND WORLD WAR

IV
亚太搏杀：
日本法西斯的穷兵黩武

中国画报出版社·北京

CONTENTS

目 录

第 1 章
远东战局恶化 — 001

第 2 章
日军掀起征服的恶浪 — 017

第 3 章
太平洋战场的转折点 — 053

第 4 章
日军在太平洋战场败退 — 091

第 5 章
西南太平洋及缅甸获得解放 — 123

第 6 章
日本穷途末路

161

第 7 章
第二次世界大战的三个阶段

189

第 1 章 远东战局恶化

Upsurge in the Far East

第1章 远东战局恶化

从1931年开始,日本通过疯狂侵略中国,不断扩张自己在亚洲大陆的势力,这损害了英国与美国在亚洲的利益。1931年,日本发动"九·一八"事变,占领了中国东北,并在那里建立了"伪满洲国"傀儡政权。从1932年开始,日本持续在华渗透自己的势力。1937年,日本发动全面侵华战争,力求进一步扩大其在中国的势力范围,却因中国军队开展"持久战"而进展艰难。为了解决这个问题,日军最后采取了向南扩张、切断中国外援供给线的策略。

1940年,希特勒统治下的纳粹德国占领了法国和低地国家。日本趁机要挟无助的法国傀儡政权将法属印度支那由日军"保护性"占领。

1941年7月24日,美国总统罗斯福采取回击措施,一方面要求日本必须从印度支那撤军;另一方面,为迫使日本就范,罗斯福下令冻结日本在美的所有资产,并对日本实行石油禁运。英国首相丘吉尔同时对日本展开行动。1941年7月26日,流亡英国伦敦的荷兰政府被说服,对日本进行制裁。正如丘吉尔所说,"日本被剥夺了对自己最重要的石油供应"。

早在1931年，人们就认为，日本人一旦被切断石油供应，就会发动战争。否则日本人要么放弃其现有政策，要么因此而崩溃。不过，值得注意的是，日本人仍试图通过谈判解决石油禁运问题，并为此将太平洋战争推迟了四个多月。在谈判中，美国一再坚持，如果日本从印度支那和中国撤军就废除禁令。当然，没有哪个政府会接受如此"丢脸"的条款，何况日本政府又向来以"要面子"著称。因此，自1941年7月底开始，太平洋地区便笼罩在战争随时爆发的阴霾之下。英国与美国何其幸运，在开战前得到了四个月的备战时间，但都没有趁机做好预防日军入侵的准备。

1941年12月7日早晨，日本海军派出一支有六艘航空母舰的舰队，对设在夏威夷群岛上的珍珠港及美国海军基地发动了一次毁灭性空袭——和日本在1904年对俄罗斯帝国开战时攻击旅顺口一样，都采取不宣而战的偷袭方式。

日军早就拥有一套对美军作战的计划。1941年初以前的计划是这样的：日军进攻菲律宾群岛，同时将主力舰队调到南太平洋，和不远万里跨过太平洋赶来增援的美国海军舰队决一死战。美国早就料到日本的计划，并在日军占领印度支那后对之前的预判深信不疑。

然而，日本海军大将山本五十六想出了偷袭珍珠港的计划。日本海军突袭舰队经千岛群岛绕一个大圈子，在美军毫无察觉的状况下抵近夏威夷北部，并于天亮前在距离珍珠港三百英里外的某处派出由三百六十架飞机组成的编队，攻击珍珠港。短短一个多小时，美军在珍珠港内的八艘战列舰就有四艘被击沉、一艘搁浅，另外三艘遭重创。日本就这样成功控制了太平洋地区。

第1章 远东战局恶化

日军一战就扫清了从海路进攻美国、英国、荷兰王国在亚洲殖民地的道路。在日军航空母舰编队气势汹汹进攻夏威夷群岛的时候，日本海军其他舰队则护送运兵船杀向南太平洋。日军在珍珠港发动的空袭与其在马来半岛及菲律宾群岛发起的登陆几乎同时。

日军想借登陆马来半岛从陆路攻占英军在新加坡海军基地。日军之所以选择走陆路，是因为英军早已在海上设防。日军的进攻方式非常"曲折"：一支部队先登陆马来半岛东北岸的哥打巴鲁，夺取机场，并通过制造动静来分散英军注意力，而日军主力部队在新加坡以北五百英里处马来半岛瓶颈地带与暹罗地峡下船，并沿着马来半岛西岸南下。英军每每组织防线试图拦阻，都被日军成功绕过并包抄。

日军选择的进攻路线尽管路程漫长、路况不好，但因为沿路森林密布，获得了绝好的掩护，从而在进行渗透、突击作战时达到出其不意的效果。实际上，日军从这条路线获得的好处还有很多。英军经过近六周的节节撤退，于1942年1月底逃出了马来半岛，躲进了新加坡这个小岛上。2月8日，日军渡过了仅一英里宽的海峡，在新加坡多处登陆，并在一条宽阔的战线上多处渗透。2月15日，英国守军投降。英国失去的不只新加坡，更是通向西南太平洋的要冲。

1942年12月8日，日军对英军设在香港的基地发动了一场规模较小的进攻，并在圣诞节迫使守军投降，占领了香港。

为了夺取菲律宾群岛的主岛吕宋岛，日军首先在菲律宾首府马尼拉的北部登陆，后来更是直接在吕宋岛东岸的马尼拉后方登陆。美军一时方寸大乱，又担心被两面夹击，只好在1941年12月

底前放弃了吕宋岛大部，退居到狭小的巴丹半岛。与新加坡的情况不同，美军在巴丹只需正面防守一条狭窄的战线，因此得以坚持到1942年4月。

其实，日军的侵略浪潮远在菲律宾和新加坡沦陷以前就已经席卷了东南亚的各个岛屿。1942年1月11日，日军先头部队在婆罗洲①和西里伯斯岛②登陆。1月24日，日军又运来了更多士兵。3月1日，日军通过侧翼包抄、孤立爪哇岛之后，将这一荷属东印度群岛的岛屿的心脏地带拿下。又过了一个星期，日军就像摘梅子一样将爪哇岛全境收入囊中。

不过，危机没在四面狼烟的澳大利亚蔓延。日军主要往澳大利亚的相反方向（西北方）大举进攻，意在从暹罗王国沿一条宽阔的战线向其主要目标仰光进攻，从而切断英国与美国的援华物资大动脉滇缅公路，间接瓦解中国的抗战力量，进而实现其吞并整个亚洲大陆的野心。

同时，日军这一精心策划的行动既为征服太平洋打开了"西大门"，又在英国与美国可能的陆路主要反攻方向上设置了一道坚固的屏障。1942年3月8日，日军攻陷仰光。5月以后，被赶出缅甸的英军灰溜溜地跨过群山躲进了印度。

至此，日军获得了天然的掩护阵地。任何试图从日军手中夺回缅甸的反攻将注定旷日持久、困难重重。

盟军花了很长时间才为从东南端收复被日军侵略的土地集结

---

① 即加里曼丹岛。——译者注
② 即苏拉威西岛。——译者注

第1章 远东战局恶化

到足够的兵力。这多亏了有澳大利亚这个未被日军占领又靠近日军一系列军事前哨站的大型基地帮忙。

日本通过明治天皇于1868年开展的维新运动，一跃成为当时世界上除欧美外唯一的工业国家，但它从骨子里仍是一个"贵武士、贱工商"的封建国家。

在日本，天皇神圣无比，统治阶级拥有绝对的权力。此外，军部在日本有很大的影响力。军部是坚定的排外者，还希望日本能统治整个东亚。自20世纪30年代开始，军部实际上就已经通过恐吓、暗杀等手段攫取了日本政治的决策权。

明治维新使日本成为一个现代化国家。受益于此，日军作战鲜有败绩，而军事上的成功亦因此影响了日本人对政治、战略等问题的处理方式。日本人普遍认为，自从在1904年到1905年的日俄战争中打败俄罗斯之后，日军就"无敌"了。而在日俄战争期间的海陆战斗中，日军所向披靡，都在向日本人表明，欧洲列强统治世界的霸权是可以被打破的。

1902年，日本与英国结盟。1914年8月，日军占领了德国在中国的租借地青岛，并攫取了德国在中国山东的特权，同时占领了德国在太平洋上的三个群岛的殖民地，即马绍尔群岛、加罗林群岛及马里亚纳群岛。日本人对这几个地方的占有因1919年第一次世界大战结束后的《凡尔赛条约》的签订而合法化。日本随之成为西太平洋一霸。但日本人并不满足，还是觉得自己像意大利人一样"没有权力"。于是，他们认为，日本与德国、意大利王国的利益是有共同之处的。

为什么日本人有这么强烈的挫败感？可能是因为美国1915年

的抗议使他们用所谓的"二十一条"控制中国的阴谋破了产,后来还要被迫收回"二十一条"。自1895年甲午中日战争结束后,日本陆军就一直把中国视为主要侵略目标。第一次世界大战结束后,虽然日本的国防政策和日本海军的观点都认为美国是日本的"头号假想敌",但日本陆军最害怕的还是当时足以凭借其部署在远东的庞大地面部队威胁日本本土的苏维埃俄国。

1921年到1924年是日本人的"耻辱期"。首先英国婉言拒绝了日本续签盟约的要求,这多少和日本逐渐暴露出的意欲在太平洋扩张的迹象有关。不过,促使英日同盟破裂的决定因素其实是美国对英国施加的巨大压力。日本人把这当作一种侮辱,是白人沆瀣一气反对自己。美国又采取一系列立法手段限制日本人移民美国,最后更以《1924年移民法案》将整个亚裔移民都排除在外。日本人一再丢脸,自然更加怀恨在心。

与此同时,英国宣布要在新加坡建设一个可以容纳一支作战舰队的海军基地的计划。日本自然也把这个明显是针对自己的防备措施当作英国的挑战。

以上这些对当时日本政界的高官非常不利。不仅如此,1921年,日本政府同意了《华盛顿海军条约》中将日本海军与英国海军及美国海军作战舰艇吨位的比例限制在三比五比五;1922年签署了将山东省归还中国并保证中国领土完整的《九国公约》。这些都让日本政界高官们招致本国人更多的不满。

讽刺的是,《华盛顿海军条约》事实上成了日本扩张行动的帮凶。原本打算建立在太平洋上的英国海军基地与美国海军基地因为条约的限制,或推迟了建设进度,或因舰艇过少而防守空

第1章 远东战局恶化

虚,反倒削弱了太平洋上遏制日本的力量。不过,针对《华盛顿海军条约》限制,日本人找到了更简单的解决方案——偷偷违背火炮火力和舰艇吨位的限制,扩军备战,并在十三年后公开宣布不再执行此条约。

1929年席卷全球的经济大萧条同样波及日本政界首脑。军国主义者借经济危机对日本的冲击引起底层的不满,进而力推"以扩张解决日本经济问题"的主张。

"九·一八事变"是日军侵略中国东北的阴谋。很快,日本人在中国东北建立了傀儡政权"伪满洲国"。1931年9月18日,根据条约驻扎在南满铁路附近的日军以"遇袭自卫"为借口,进攻沈阳及其邻近城镇,攻击了当地的中国守军,将其缴了械。后来,日军又花了几个月的时间占领了中国东北。国际联盟和美国都不承认日军的占领行为,国际上更是骂声一片。1933年,"不堪其辱"的日本愤而退出了国际联盟。1936年,日本更是和纳粹德国、法西斯意大利王国一起签订了反共产国际公约。

1937年7月,"卢沟桥事变"(同样是一个十分可疑的事件)爆发。关东军趁机攻打中国华北地区。在接下来的两年中,日本人的侵略行为变本加厉,但中国军队仍坚持与日军苦战,使日军深陷战争泥潭。1937年,日军进攻上海受挫,淞沪会战粉碎了日本人"三个月灭亡中国"的狂言。然而,这反倒对日本人有利,因为这样一来他们就必须正视现实,纠正战术上的错误和自日俄战争以来滋生出的自大心理(虽然是在1939年8月以后才开始改正的)。这种自大心理让日本与苏联就中国东北西部边境问题起了冲突,但日军在苏军那里吃了苦头。1939年8月,苏联调来五个机械化师和三个步兵师在诺门罕把一万五千名日军团团包围。日军大败,死伤了一万一千多人。

时局突变,1939年8月《苏德互不侵犯条约》的签订招致日本政府的反感,并使其态度变得温和。但这一状态只持续到1940年希特勒征服西欧为止。1940年7月,在日本陆军的支持下,亲纳粹的近卫内阁上台。自此,日本加速了对中国的侵略步伐。1940年9月底,德国、意大利王国与日本签订了《德意日三国同盟条约》,共同反对任何加入同盟国的国家。这明显是冲着美国来的。

1941年4月,日本与苏联签订了中立条约。有了这个条约,日本才可能放心派兵南侵。但日本仍对苏联及其签订条约的目的抱有戒心,因此只将十一个师团调遣南下,在中国东北留下十三个师团,在中国其他地区保留了二十二个师团。

1941年7月24日,日本强迫维希法国交出法属印度支那的控制权。7月26日,美国总统罗斯福因此下令冻结日本在美资产,英国和荷兰很快响应。三国因此不再与日本进行贸易,特别是石油贸易。

当时,日本所需的石油中百分之八十八依赖进口。禁令下达时,日本所存石油仅够三年正常使用,若进入全面战争模式则只够支撑一年半。更糟的是,日本陆军省[①]的一份调查报告显示,单是侵华战争就需要三年才能结束。这样一来,日本的石油将会在战争结束前耗尽。因此,在中国取胜就十分重要。对于日本来

---

① 战前日本行政官厅(政府机关)之一,肇始于1872年。战后改为"复原省"之一,并于1947年废止。——译者注

第1章 远东战局恶化

说,剩下唯一可能的石油来源就是荷属东印度群岛的油田。荷兰人估计会在该地区被占领之前破坏石油开采设备,但日本人可以在石油储备耗尽之前就将其修复。日本人从爪哇和苏门答腊获得的石油足以挽救石油供应不足的局面,并帮助自己的军队打完侵华战争。荷属东印度群岛和马来亚还产出当时世界五分之四的橡胶和三分之二的锡。如果日本军队占领这些地区,得到的将不只是一笔宝贵的财富。这对同盟国而言是比损失石油等资源还要沉重的打击。以上就是日本领导人在面临贸易禁运时必须考虑的主要因素。除非政治家们能说服美国取消贸易禁运,否则日本政府就只能做"二选一":要么撤军以示放弃野心,但这可能会使国内的陆军以此为借口发动政变;要么铤而走险和西方的大国开战,夺取油田。如果日本军队在继续侵华战争的同时撤出印度支那,美国、英国等国或许会在禁运上有所让步。然而,一旦从印度支那撤军,日本会更加软弱,更依赖外国。如果美国再"得寸进尺"地提出更多条件,日本将很难不妥协。

人一旦被迫孤注一掷,行动前难免就会犹豫——这或许就是日本拖延了四个月才发动战争的原因。当然,日本的军事主官自然也希望获得足够的战备及战略规划时间。一部分乐观的日本人甚至认为,"如果日本只对英荷两国的殖民地动手,美国就会继续袖手旁观"。

1941年8月6日,日本恳求美国结束石油禁运。就在这个月,美国决定,如果开战,美军将坚守整个菲律宾群岛。对于日本政府提出的停止向菲律宾群岛运送增援部队的要求,美国也坚决拒绝,并同时警告日本:不得再进行侵略。

经过两个月的激烈争论,日本最终以东条英机为首的军政府上台组阁,取代了近卫内阁——可能这才是使战争爆发的决定性事件。即便东条英机内阁已经上台,日本人就战争问题还是讨论了很长一段时间,直到1941年11月25日以前才因一份显示日本石油储备在1941年4月到9月间下降了四分之一的报告而最终决定开战。

但即便如此,日本联合舰队司令山本五十六还是在同一天接到了"一旦对美谈判取得进展即取消攻击珍珠港"的命令。

在此给出一份1941年12月太平洋海域各国海军的综合实力表[①]:

国家	主力舰	航空母舰	重巡洋舰	轻巡洋舰	驱逐舰	潜艇
英国	2	0	1	7	13	0
美国	9	3	13	11	80	56
荷兰	0	0	0	3	7	13
自由法国	0	0	0	1	0	0
盟军合计	11	3	14	22	100	69
日本	10	10	18	18	113	63

表中的重点是,虽然盟军与日军帝国海军实力几乎旗鼓相当,但在最关键的航空母舰保有量上,日本海军占了很大优势。不仅如此,单靠一张表格也无法看出双方在质量上存在的差异。日本联合舰队组织严密、训练充分,尤其擅长夜战。况且日本海军作战还不用考虑盟军之间需要考虑的指挥及语言问题。盟军在

---

① 斯蒂芬·罗斯基尔:《海战》,第1卷,第560页。——原注

第 1 章 远东战局恶化

太平洋的两大海军基地——新加坡和珍珠港相距达六千英里。日本海军在武器装备方面更是占据优势,有很多装备更好、航速更快的新舰。盟军主力舰中仅英军的"威尔士亲王"号堪与日本海军一战。

陆军方面,日本在西南太平洋的军事行动中仅动用了其五十一个师团中的十一个,人数不到二十五万人,算上后勤部队则大约四十万人。盟军方面的数据则很难确定。决定进攻时,日本人估计英军共有十三万四千人,其中香港一万一千人,马来亚八万八千人,缅甸三万四千人。日本人估计菲律宾群岛上有美军三万一千人,菲律宾地方部队十一万人;估计荷兰有正规军两万五千人,民兵四万人。表面看来,日本人凭借自己的小小优势劳师远征是在冒险豪赌,而实际上他们早就细算过自己的"赌博":日军的海空优势能帮助其部队形成局部数量优势;日军作战经验丰富,两栖登陆战、丛林战、夜战等战法技术娴熟,从而使其优势倍增。

日本人只动用了其一千五百架陆军飞机中的七百架,但派出了驻台湾基地的第十一航空舰队的四百八十架海军飞机及偷袭珍珠港的三百六十架舰载机前去支援。起初日军要把舰队型航空母舰[①]用来为南部地区的作战提供制空支援(事实上也必须这么

---

① 第二次世界大战时期区别于水上飞机航空母舰、轻型航空母舰及护航航空母舰等特型航空母舰的标准型航空母舰,具有吨位较大、载机较多等特点,其实就是常规航空母舰。本文只在作者使用"fleet carrier"时才使用"舰队型航空母舰"这一名称。——译者注

做）。不过，零式战斗机①的航程在1941年11月，也就是距离太平洋战争爆发近四周前取得了突破，可以往返于相距四百五十英里的台湾和菲律宾之间，大大超越了盟军所有战斗机。如此一来，日军航空母舰就能从繁重的支援任务中解放出来，专心袭击珍珠港了。

盟军在当地的空军力量由三百零七架美国军机（除三十五架B-17远程轰炸机以外性能都较差）、一百五十八架部署在马来亚的英国军机（其中大多性能过时）和荷兰部署在其荷属东印度殖民地的一百四十四架飞机组成。零式战机的优越性能更是令本就占数量优势的日本航空部队优势倍增。

日军在岛屿、海峡密布的海洋地区作战得手，多半归功于其下功夫发展两栖作战。不过，日本有一个致命弱点：商船船队规模较小（仅六百万吨出头）。只是这个弊端在战争末期之前一直都没有体现出来。

综上所述，日本在开战初期可以说是占尽优势（特别是质量方面）。日军要面对的唯一威胁无非是在美国太平洋舰队有可能对其有所行动时及时干预。而这一威胁已经连同被偷袭过的珍珠港上空的最后一抹黑烟一起消失不见了。

情报也是一个应予考虑的因素，但情报因素在对双方兵力作一般对比时很少得到充分考虑。一般认为，已经对这个区域做了长期而周密的调研的日本人很擅长打情报战。不过，盟军的巨大

---

① 零式战斗机是一款舰载战斗机，因装备部队的年份正是日本"皇纪2600年（1940年）"而得名，也是日本人在战争中生产数量最多的飞机。——译者注

第1章 远东战局恶化

优势在于1940年夏季破译了日本的外交密码。这是威廉·弗里德曼上校的成果。之后,对美国而言,日本外务省和大本营的密电便不再是秘密。在战前谈判期间,日本的提议尚未开出,美国便通过破译其电文而全部知晓。然而,日本军方并未将其进攻美国的确切日期和地点告知自己大使。因此,美国并未掌握这一细节。尽管掌握日军电文密码没能使珍珠港逃过惨遭偷袭的厄运,但美军还是掌握着这一有利条件,并且善加运用,充分发挥优势。

日军的战略具有攻守双重目的:既要确保获得足以用于侵略中国的石油供应,又要趁势切断中国维持抵抗的物资供给线。当时,轴心国势力以少胜多,席卷了整个西欧大陆;苏联受到希特勒的军队猛攻,难以插手远东事务。受此鼓舞,日本首脑不惜冒险挑战战争潜力比自己大得多的美国。日本人认为,若构筑起北起阿留申群岛、南至缅甸的同心圆式防御圈的美梦得以实现,那么美军在尝试突防失败后是很有希望最终承认日军的掠夺果实及其建立的所谓"大东亚共荣圈"的。

日本人的这一计划与希特勒计划建立的将敌人挡在亚洲洲界以外、以守为攻的阿尔汉格尔斯克—阿斯特拉罕屏障类似。

起初,日军计划先夺取菲律宾群岛,等美军从托管岛屿赶来救援时再击退其救援部队。根据事先制订的三段作战计划,日军大约用五十天就可占领菲律宾群岛,一百天便能攻克马来亚,一百五十天后全面控制荷属东印度群岛。但山本五十六自1938年8月出任日本联合舰队司令后发现,必须立刻偷袭威胁日本的"喉旁利刃"——美国海军太平洋舰队,令其瘫痪并且拖延其修复时间。日本海军军令部带着满腹狐疑极不情愿地执行了山本五十六的命令。

由于夏威夷和马来亚之间跨越国际日期变更线，时差相隔一天，这使进攻开始的时间因时间表和时差问题而复杂化了。但日军将主要进攻的发起时间设定为格林尼治标准时间17时15分到19时之间，所有进攻都要据此换算成当地时间，也就是凌晨发起。

美国人长期认为，放弃菲律宾在政治上是可悲的。但在军事上，"菲律宾群岛离夏威夷珍珠港五千英里，无法防守，只能在吕宋岛首府马尼拉附近美军设防的巴丹半岛设置一个据点"的观念占了上风。然而，美国政府在1941年8月改变了计划，转而全面防守整个菲律宾群岛。

引起美国政府改变防御政策的原因首先来源于自1935年以来便在菲律宾政府担任军事顾问的麦克阿瑟将军的压力。1941年7月，麦克阿瑟奉召返回美国，重新入役并担任远东美军总司令。首先，美国总统罗斯福很看重麦克阿瑟的判断力，曾经因此在1934年将其美国陆军总参谋长的四年任期延长了一年。其次，美国总统罗斯福意识到，既然德国已经深陷苏联的战争泥潭，他就可以借机腾出手来对日本采取较强硬的态度，而实施石油禁运正体现了这一点。再次，可以轰炸台湾甚至日本本土的B-17远程轰炸机的面世给美国上下带来了乐观情绪。然而，日本赶在B-17远程轰炸机被大量派驻菲律宾之前就"先下手为强"了。最后，美军参谋部门没有认真考虑日本联合舰队袭击珍珠港的可能也是促成防御政策改变的重要因素。

第 2 章 日军掀起征服的恶浪

Japan's Tide of Conquest

第 2 章　日军掀起征服的恶浪

　　日本海军大将山本五十六一手策动联合舰队接受并执行了攻击珍珠港的偷袭计划。一方面,山本五十六将接受过情报训练的军官安插在日本驻火奴鲁鲁(檀香山)大使馆,月复一月地将珍珠港内特别是美国军舰活动的情报传给自己;另一方面,为了偷袭行动成功,日本联合舰队对军舰舰员和舰载机飞行员进行了密集的训练,以求能在各种条件下顺利执行任务——每组舰载俯冲轰炸机乘员为此至少进行了五十次飞行。

　　如上文所述,进驻台湾的新型零式舰载战斗机航程较前型机有所提升,日本联合舰队因此无须再分兵支援友军在西南太平洋的作战。而它偷袭珍珠港计划本身也借鉴了1940年11月英国海军航空兵凭借二十一架鱼雷轰炸机奇袭重兵布防的意大利塔兰托港,并且击沉三艘意大利战列舰的有益经验。当时,塔兰托港七十五英尺的平均水深被认为是空投鱼雷攻击的极限,因此,美军自然想当然地认为平均水深仅三十五英尺到四十英尺的珍珠港可以免受此害。实际上,英军根据塔兰托港奇袭中积累的经验,为鱼雷加装了防止在浅海触底爆炸的木制尾鳍,用这种方法将鱼雷的投放水深限制有效降低到四十英尺。

从安插在驻意大利王国使馆和驻英国使馆中的特务人员那里获得了相关情报后,日军立刻着手开发相关的测试装备。不仅如此,为了提升轰炸效率,日军为水平轰炸机加挂了带尾翼的十五英寸炮弹及十六英寸炮弹。高空投弹时,这些改装炮弹将如炸弹一般垂直"砸"下,任何军舰甲板都无法抵挡这种攻击,必定会被击穿。

日本人可能会担心美国太平洋舰队可以通过为大型战舰安装防鱼雷网避免"塔兰托港式灾难"重演。然而,时任美国太平洋舰队总司令赫斯本德·金梅尔上将和美国海军部都认为若安装手头可用的笨重防鱼雷网将大大降低舰船拖动速度,影响港口交通。从事后结果来看,正是这一命令才使当时珍珠港内的美军舰船沉入了深渊。

多重因素导致偷袭珍珠港的日期被定在1941年12月7日:日军需要根据赫斯本德·金梅尔上将总是命令舰队周末回港、舰上官兵不满员的特点发动突袭以增加袭击的突然性,所以决定在星期日发动突袭;1941年12月中旬以后,印度洋季风达到极盛,此时的气候既不利于日军在马来亚和菲律宾群岛的登陆作战,又不利于偷袭舰队在海上补充燃料;而东京时间的12月8日正好是夏威夷时间的12月7日,也就是星期日,并且当天夜间无月,航母舰队正好趁天黑悄悄接近珍珠港。当时的潮汐条件甚至正好适合山本五十六曾考虑过的登陆作战。不过,因缺少登陆舰,并且担心因舰队规模过大被美军发现,登陆计划最终被放弃。

日军曾考虑过三条进攻路线:一条是经马绍尔群岛的南路,一条是经中途岛的中路,另一条则是从千岛群岛出发的北路。日

第 2 章　日军掀起征服的恶浪

军放弃较省燃料的南路、中路，而选择中途需要补充燃料的北路航线，一来可以避开常规进攻航线，掩人耳目；二来可以降低被美军侦察机巡逻发现的概率。

日军还因采取了所谓的"不等航程"战术获得了好处。"不等航程"战术是指日军航空母舰乘暗夜逼近，第一缕阳光升起时在最接近珍珠港的地点起飞战机，接着掉头离开（不是原路返回）。舰载机完成作战任务后在离起飞点较远的地区与航空母舰编队再次会合，这样一来，日机飞行员进攻时飞行距离短，返回时飞行距离长；而美军飞行员的追击和返程航程都会很长[①]——美军在制订防御计划时对这一不利因素浑然不觉。

日军还制订了一份空袭打击优先级列表，从高到低排列下来分别是：航空母舰（日军希望发动突袭时港内有三至六艘）、战列舰、珍珠港油库及其他港口设施，美军在惠勒、希卡姆和贝洛兹等主要机场停放的军机。日本联合舰队此次主要打击力量由六艘航空母舰、四百二十三架舰载机组成，其中三百六十架舰载机参与了空袭，包括一百零四架水平轰炸机、一百三十五架俯冲轰炸机、四十架鱼雷机及八十一架战斗机。日军护航编队由两艘战列舰、三艘巡洋舰、九艘驱逐舰、三艘潜艇和八艘给油船组成，并由南云忠一中将指挥。日军还制订了利用小型潜艇趁乱进攻的计划。

1941年11月19日，日本潜艇部队离开吴港海军基地。除了常规潜艇，日本潜艇部队中还有五艘微型潜艇。11月22日，特混舰

[①]　这种战术会让美军因为燃料问题而不得不缩短追击距离。——译者注

队在千岛群岛的单冠湾集结,并于11月26日出发前往珍珠港。12月2日,"进攻已被批准"的通知发来,整个舰队开始实行灯火管制。但事情其实还有转机:如果特混舰队在12月6日前被美军发现,或者日本代表与美国代表在华盛顿进行的谈判最后一分钟有了成果,进攻都要终止。12月4日,特混舰队最后一次补充了燃料,航速从十三节增至二十五节。

驻火奴鲁鲁大使馆的日本情报人员持续为特混舰队提供消息。1941年12月6日(空袭发动前夜)传来坏消息:珍珠港里此时并无美军航空母舰。①不过,港内尚有八艘战列舰,并且都没安装防鱼雷网。因此,南云忠一还是决定前出进攻。夏威夷时间12月7日6时到7时15分之间,日军飞机从目标以北二百七十五英里的海面起飞,直扑珍珠港而去。

美军在遇袭前曾收到两个或可改变命运的"警报"。第一,从1941年12月7日3时35分起,日本潜艇部队的行踪便陆续暴露。美国驱逐舰在6时51分时击沉了一艘日本潜艇,海军飞机在7时击沉了一艘;第二,珍珠港部署了六座雷达站,其中最北面的一座在7时后发现"一百多架飞机"从北边逼近,但情报中心认为这是

---

① 此时,美军"萨拉托加"号航空母舰正在加利福尼亚海岸的圣迭戈军港停泊;"列克星敦"号航空母舰正运载一批轰炸机前往中途岛;"企业"号航空母舰正运送一批战斗机前往威克岛;"大黄蜂"号航空母舰、"约克城"号航空母舰和"黄蜂"号航空母舰都在大西洋服役。——译者注

第 2 章　日军掀起征服的恶浪

计划从加州飞来的B-17轰炸机即将抵达。①然而，这批B-17轰炸机一共仅有十二架，并且它们本应该从东边抵达，而不是从北边飞来。显然这两个"警报"都没能引起美军的足够重视。

1941年12月7日7时55分，日军第一攻击波开始袭击珍珠港的美军舰队和设施。袭击持续到8时25分结束。紧接着，日军由水平轰炸机和俯冲轰炸机组成的第二攻击波于8时40分发动第二轮袭击。不过，还是第一攻击波的鱼雷机真正起到了决定性作用。

美军的八艘战列舰中，"亚利桑那"号、"俄克拉何马"号、"西弗吉尼亚"号及"加利福尼亚"号被击沉，"马里兰"号、"内华达"号、"宾夕法尼亚"号及"田纳西"号严重受损。②此外，另有三艘驱逐舰和四艘小型舰艇被击沉，三艘轻巡洋舰和一艘水上飞机供应船严重受损。美军飞机一百八十八架被毁，六十三架受损。日军除五艘微型潜艇进攻失败全军覆没外，仅付出了二十九架飞机被击落、七十架飞机被击伤的轻微代价。美军的死伤数字是三千四百三十五人，日军虽无具体伤亡数字存世，但肯定在百人以下。

1941年12月7日10时30分到13时30分，日军舰载机陆续返回航空母舰。12月23日，特混舰队主力返回日本。

日本从偷袭中获取了三大好处：首先，美国太平洋舰队实际

---

① 一种躲避雷达监测的方式是，若干架小型飞机呈密集编队飞行，在雷达上就会从分散的小光斑变成一块大光斑，雷达监视人员就有可能将"几百架小飞机"错判成"十几架大型轰炸机"。20世纪80年代雷达技术比起第二次世界大战已经有了很大进步，但以色列空军还采用这种方法，将战斗机编队伪装成"一架大型民航客机"，一举摧毁了伊拉克的核设施。——译者注
② "内华达"号搁浅，"加利福尼亚"号事后被打捞起来。——原注

023

上已无力干涉西南太平洋；其次，日军用于袭击珍珠港的舰队可以支援其在西南太平洋进行的作战；最后，日军赢得了扩大并增强其"防卫圈"的时间。

然而，日军袭击的不足之处在于没有遇到在当时最主要、在未来最关键的目标——美军的航空母舰。同时，日军没有破坏能大大迟缓美军恢复时间的油库及其他重要港口设施。鉴于珍珠港是美军在太平洋唯一设施完备的海军基地，破坏港口设施这一点就尤其重要。此外，日军不宣而战的行径令群情激奋的美国民众更加团结地拥护罗斯福总统对日本宣战，决意还击日军的入侵。

具讽刺意味的是，日本人原本有意延迟战书呈递以尽可能保证袭击的突然性，换句话说就是打国际法的"擦边球"。日本人事先算好时间答复美国于1941年11月26日提出的要求，并于12月6日也就是星期六的夜晚才把答复发送给华盛顿的日本驻美国大使。日本驻美国大使会在华盛顿时间12月7日13时——夏威夷时间早晨7时30分——将答复呈交给美国政府。此时距离进攻开始仅剩半个小时，即便美国政府能通知夏威夷的美军预防日军来袭也为时已晚，而日本可以从容声称这是符合国际法的战争行为。然而，日本驻美国使馆花了很长时间才将其长达五千字的外交照会翻译成英文，因此日本驻美国大使实际上在华盛顿时间14时20分才做好呈交战书的准备——此时珍珠港上空的战火已经燃烧三十五分钟之久了。

美国强烈谴责日本的"野蛮行径"，并指日军对珍珠港发动的是"偷袭"。然而，日本人早在日俄战争时期就对旅顺港的俄罗斯帝国舰队干过几乎一模一样的事情，这早该引起美国人的注

第 2 章 日军掀起征服的恶浪

意并引以为鉴。

1903年8月,日本和俄罗斯帝国开始就两国在远东的争议寻求解决方案,进行谈判。经过五个半月的谈判,日本认为俄罗斯帝国的态度不会让自己在谈判中获得满意的结果。于是,日本于1904年2月4日决定付诸武力。1904年2月6日,两国谈判破裂,但都没有宣战。日本海军大将东乡平八郎指挥舰队驶向俄罗斯帝国设在旅顺港的海军基地。1904年2月8日夜晚,东乡平八郎派遣鱼雷艇部队对停泊在旅顺港的俄罗斯帝国舰队发射鱼雷突袭,使俄罗斯帝国最好的两艘战列舰和一艘巡洋舰瘫痪。此后,日本建立了在远东的海上霸权。直到1904年2月10日,两国才正式宣战。

曾于1902年与日本签订盟约的英国当时对俄罗斯帝国遭日军偷袭的反应与三十七年后美国对日本的强烈谴责形成了颇具讽刺的反差。1904年2月,刊登在《泰晤士报》上的一篇评论是这样写的。

> 日本天皇及其大臣做出了极富男子汉气概的决定,使其海军抢占先机,大胆开战……俄罗斯帝国庞大的舰队因在外海停泊,极易遭到袭击。我们勇敢的盟友——日本——立刻抓住机会,派遣海军舰队出击,收获了莫大的胜利和荣誉……此战必定极大影响两军士气,甚至会影响、改变整个战局……日本海军通过高超的政治才能和富有魄力的先发制人获得了有利局势,并占据了士气制高点。

1911年版《不列颠百科全书》在"日本"词条中也赞扬了日军通过不宣而战"反抗军事独裁与单方限制政策"的"事迹"。

1904年10月21日是著名的特拉法加海战[①]胜利九十九周年纪念日。海军上将约翰·费希尔在那一天出任英国第一海军大臣。他马上向英王爱德华七世和其他权力部门提出建议：应该采用"哥本哈根方式"[②]不宣而战地消灭正日益壮大且逐渐威胁英国利益的德国舰队。可惜，约翰·费希尔的鼓吹与宣传在德国受到的重视程度比在英国政界还大得多。

约翰·费希尔是否在日军偷袭旅顺港成功前就提出了消灭德国舰队的建议不得而知。但霍拉肖·纳尔逊在哥本哈根不宣而战击溃丹麦舰队确实是英国水手无人不晓的海战神话。东乡平八郎年轻时曾经在英国留学七年，因此霍拉肖·纳尔逊对东乡平八郎1904年先发制人攻击俄罗斯帝国舰队的影响可能跟东乡平八郎对约翰·费希尔的影响是一样的。

对美国人来说，本可以避免的珍珠港被袭造成的震撼不仅招致了舆论对罗斯福政府的广泛批评，还带来了除"糊涂""慌乱"以外对于招致这场灾难的原因更恶毒的猜疑——对罗斯福总统持批评立场的评论家及其政敌尤其喜欢拿这些猜疑大做文章。

尽管罗斯福总统早就有让美国摆脱孤立主义的束缚并加入对

---

① 特拉法加海战，指1805年10月21日英国舰队与法兰西帝国舰队在西班牙特拉法加角外海相遇后爆发的海战。经过五小时激战，以英国舰队大胜告终。——译者注

② 哥本哈根方式，指1801年英国传奇海军将领霍拉肖·纳尔逊偷袭取胜的经典战例。霍拉肖·纳尔逊用一千二百人伤亡的代价换来丹麦海军三千人伤亡的辉煌胜利，并俘虏大批丹麦战舰和人员。——译者注

第 2 章　日军掀起征服的恶浪

抗希特勒暴政的想法，但凭借美国海军与陆军高层在珍珠港事件爆发前表现出的一系列自满和失算足以推翻美国所谓"修正主义历史学家"基于不充分证据做的推论，珍珠港确实是被偷袭的，绝不是罗斯福总统因让美国加入战争而将珍珠港拱手"让"给日本人的。

香港沦陷

在远东，英国早早失去了香港这个前哨站，这是为了虚妄的"尊严"而置战略和常识于不顾的典型事例。①就算是好面子如日本人也不会像英国人在这件事情上那样"为了面子"做出如此愚蠢的决定。很明显，香港是英国在亚洲的软肋，防守难度甚至比防守新加坡的难度更大。香港是中国沿海的岛港，距离日本在台湾的空军基地只有四百英里，但距离英国在新加坡设置的海军基地则有一千六百英里。

早在1937年，英国参谋长委员会就把日本认定为除德国外英国的"第二敌人"，并把新加坡连同英国本土一并看作英联邦赖以存在的"主心骨"。因此，英国参谋长委员会强调，保卫英

---

① 1935年3月，时任军事作战与情报主任的约翰·迪尔将军请我去陆军部谈谈当下的防务问题及前景。我们主要谈了远东，特别是如何在与日本开战的情况下守住香港的问题。以下内容整理自会谈当晚我整理的笔记，他（约翰·迪尔）似乎也同意我"与其重兵固守香港，使其变成我军精神上的'凡尔登'或'旅顺口'，不如不这样做。不增兵确实是在冒险，但充其量是失去香港。否则，要是'凡尔登'都被攻破了，就太有损我国的尊严了"。——原注

国在地中海利益的同时要派遣一支舰队去新加坡。讨论香港防务时，他们一直认为，援兵至少需要九十天才能赶到香港，并且即便援兵能够守住香港，日军也会从台湾派遣飞机轰炸并摧毁重要的港口。然而，英国官员以一种盲目乐观、不合实际的态度否定了这个比较实际的结论。他们认为，一旦撤军，不但英国颜面扫地，而且会打击中国军民抗击日军的信心。参谋长委员会"香港是一座重要但非必要的阵地，尽量久守即可"的结论从一开始就注定香港必然失守。

1939年初，英国再次复盘国际形势，做出了相同的概括性结论，但将"保卫地中海"放在了比"保卫远东"更优先的位置。防御中心的转移再加上侵华日军已经在香港南北两边的中国领土上站稳了脚跟，从而事实上孤立了香港，并且方便了日军从陆路进攻香港。成功防守香港的可能性就变得更加渺茫了。

1940年8月，法国被纳粹德国的军队占领后，在复盘国际形势时，英国参谋长委员会的新领导人——约翰·迪尔代表陆军终于承认了"香港守不住"的事实，并且建议将当时负责防守的英军四个营撤出香港。丘吉尔领导的战时内阁认同这个看法，但没有采取任何实际行动来落实，反倒在1941年建议丘吉尔同意加拿大政府派遣两个营的兵力驰援香港的建议。参谋长委员会在决策上之所以产生了逆转，是因为乐观派的阿瑟·格拉塞特少将自己就是一个不久前曾在香港带兵的加拿大人。在离港返英时，阿瑟·格拉塞特告诉当时的加拿大总参谋长：即便出现了最坏的事态，援兵的赶来也足以令防线支撑很长一段时间。参谋长委员会在劝说丘吉尔当局接受加拿大军方提议时提出了这么一个"威

信"论:"即使状况最坏,守军也能'体面'地守住香港。"于是,1941年10月27日,加拿大把两个营的士兵运到了香港,将无谓牺牲的人数增加了百分之五十。

从1941年12月8日凌晨开始,日本派出十二个装备精良的大队(合一个多师的兵力),凭借空中打击和炮火掩护从陆路猛攻香港。仅一天后,12月9日,英军就被迫撤退至九龙半岛上的所谓"酒徒防线"。12月10日凌晨,一个日军特遣队突击、攻占了英军的一座重要堡垒。日军的突袭迫使英军放弃了"酒徒防线"并撤退至香港岛;而日军对英军的撤退并不知情,仍在照计划猛攻"酒徒防线"。

日军最初几次横渡海峡的尝试都被英军击退,英军的兵力因此分散。后来,日军主力在1941年12月18日夜间到19日凌晨于香港岛东北角登陆,集中兵力扎进了南部的深水湾,一举将英军击溃。部分英军在圣诞节夜晚向日军投降;另一部分英军在1941年12月26日早晨也投降了。在增援部队抵达的情况下,英军守了香港十八天——仅仅达到最初预期的五分之一。日军以不到三千人伤亡的代价将防线里近一万两千名英军全部俘获。沦陷日正好是清政府被迫签订《南京条约》割让香港岛给英国的九十九周年。

菲律宾沦陷

1941年12月8日2时30分,日本联合舰队偷袭珍珠港的消息传到了当时作为美国殖民地的菲律宾。当地美军接到了警报,立刻着手准备提防日军入侵。与此同时,日军因为台湾的晨雾延后了空

袭菲律宾群岛的计划。不过,消息泄露这一先决不利因素反倒在最后成了日军的优势——因为美军正为是否要第一时间使用B-17轰炸机轰炸日军在台湾的空军基地争论不休。为避免停在地面成为靶子,美军轰炸机飞行员执行环绕吕宋岛飞行的任务。12月8日11时30分,正当美军轰炸机纷纷落地补充油料、弹药准备攻击日军空军基地时,迟到的日军飞机正好出现在美军机场上空。由于告警系统的缺陷,美军飞机,特别是B-17轰炸机和新式P-40E战斗机大都在第一天就被击毁。菲律宾上空的"胜利天平"一下子倒向了在台湾拥有一百九十架岸基飞机和三百架海军飞机的日军。12月17日,剩余的美国B-17轰炸机撤退至澳大利亚。一同撤退的还有美国海军上将托马斯·查尔斯·哈特所谓"亚洲舰队"的水面舰艇。美国海军最终只在菲律宾附近留下二十九艘潜艇。

虽然麦克阿瑟做出的新决定是坚守整个菲律宾群岛,但他把三万一千名正规军中的大部分(美军和菲律宾侦察兵)都部署在马尼拉附近,而漫长的海岸线防务都交给了素质较差的菲律宾常规部队(约有十一万人)执行。无论麦克阿瑟有着如何高明的战略考量,实际上都已经把登陆的机会拱手送给了日本人。

日军帝国派出本间雅晴中将指挥的第十四军①发动进攻。登陆和上岸后,本间雅晴在最初作战时仅动用了五万七千人的兵力,以确保在拥有空中优势的前提下袭击的突然性。日军还要占领几个外围岛屿和菲律宾本土沿岸守备较薄弱的地区,以便快速为航

---

① 第二次世界大战期间,日本陆军编制从小到大依次为分队、小队、中队、大队、联队、旅团、师团、军。这里的"军"级单位实力实际上和美国的"集团军"相当。——译者注

第2章 日军掀起征服的恶浪

程较短的陆军飞机建好野战机场。

日军在进攻第一天便占领了吕宋岛以北一百二十英里的巴坦群岛主岛，并于1941年12月10日推进至与吕宋岛相邻的甘米银岛。同一天，日军另外两个特遣队分别在吕宋岛北岸的阿帕里和维甘登陆。12月12日，日军第四支特遣队从帕劳登陆吕宋岛东南边缘的黎牙实比，没有遭遇抵抗。日军的一系列胜利为其于12月22日在距离马尼拉仅一百二十英里的仁牙因湾的大规模登陆铺平了道路。本间雅晴用八十五艘运输船装载四万三千名士兵登陆菲律宾。12月24日，另有从琉球群岛派来的七千名日军从马尼拉对面的拉蒙湾东岸登陆。装备和素质皆差的菲律宾军队望风而溃，而日军用坦克开路时更是如此。日军所到之处没有太多抵抗，而美军的增援总是姗姗来迟。仗打到这个时候，日军伤亡还不到两千人。

这样一来，麦克阿瑟意识到自己已经无力实现歼敌于登陆后立足未稳之时的计划，只好于1941年12月23日恢复了将剩余部队都撤到巴丹半岛的计划。麦克阿瑟之所以会仓促做此决定，一方面是因为美军在报告中过于高估日军的实力；另一方面，麦克阿瑟又看不起菲律宾军队，根本没把菲律宾军队当作自己的战斗力。1941年12月26日，马尼拉被宣布为"不设防城市"。麦克阿瑟的部队顶住刚开始的混乱和日军的压力，分批次有序撤退，并于1942年1月6日在巴丹半岛安顿下来——美军并不知道把自己吓跑的日军只有自己的一半多。

美军忽然发现，必须在仅二十五英里长、二十英里宽的巴丹半岛艰难地为包括平民在内的超过十万人供应食物，这远比之前

计划中的四万三千人多。同时，这里疟疾肆虐，转瞬之间，美军尚有战斗力的士兵就只剩不到四分之一。

日军开始正面进攻巴丹半岛，但被美军击退。随后日军尝试从侧翼进行两栖登陆，又被美军击退。经过一个月的努力，日军于1942年2月8日暂时中止了进攻——日军也有一万人感染了疟疾，同时日军第四十八师团则被调走支援攻打荷属东印度群岛了。到1942年3月，日军仅有三千人还在勉强维持菲律宾的防线，但美军蒙在鼓里，对此无动于衷——美军能战斗的兵力也只剩下五分之一，这些人还因为麦克阿瑟于1942年3月10日抛下部队撤退到澳大利亚而士气大减。美国当局甚至在1942年1月做出了"不必救援菲律宾美军"的决策。

1942年3月底，菲律宾的日军得到了两万两千名士兵及更多飞机和火炮的增援。自4月3日起，日军恢复了对美军的进攻，美军在巴丹半岛节节败退。至4月9日，美军少将爱德华·金为避免"大屠杀"，向日军无条件投降了。

菲律宾战场的重点现在已经转移至美军以一万五千名士兵固守的最后据点——科雷希多岛（包括三个与之相连的小岛）。但科雷希多岛离巴丹半岛仅两英里，日军的飞机和重炮都可以轻松越过窄窄的海峡痛击美军。日复一日的炮击和轰炸摧毁了美军的工事，炸坏了美军的火炮，更糟的是美军的淡水供应也被切断。1942年5月4日，日军的炮击强度增至一万六千发。5月5日午夜，两千名日军士兵渡过海峡试图登岛。美国士兵死守滩头不退，日军士兵尚未登岸就损失大半。但日军坦克一上岸，美军防线便土崩瓦解——尽管只有三辆坦克。5月6日，自离开巴丹半岛就一直

第2章 日军掀起征服的恶浪

在科雷希多岛指挥作战的温赖特将军为避免士兵遭到屠杀，用广播向日军播发了自己的投降书。

起初，本间雅晴以科雷希多岛南部及吕宋岛的边远地区还有美国军队与菲律宾军队的游击队抵抗为由，拒绝接受这种仅代表一个小岛的"局部"投降。出于担心当时已经缴械的科雷希多岛守军遭到屠杀，温赖特将军只好同意下达全面投降令。不过，一些受到远在澳大利亚的麦克阿瑟感召而拒绝投降的游击队直到1942年6月9日才最终放下武器。

美军此役损失了三万名官兵，菲律宾损失了约十一万官员——不少菲律宾官兵是故意逃跑的。美国军队与菲律宾军队在巴丹半岛共有八万人投降，在科雷希多岛有一万五千人投降。日军的伤亡数字更难确定，但除感染疟疾的士兵之外，损失估计在一万两千人左右。

然而，除了在交战之初的溃败，盟军在菲律宾的抵抗比在其他地方坚持得更久。虽然只能从当地获得补给，但守军竟然抵抗了六个月，光在巴丹半岛就抵抗了四个月之久。

新加坡与马来亚沦陷

日军计划以拥有三个师团十一万人兵力（其中作战兵力七万人）的山下奉文第二十五军征服新加坡和马来亚。此外，日本的海上运力只能确保一次将自己四分之一的兵力（约两万六千名官兵，含作战人员一万七千人）运过暹罗湾。日军要运用这支先头部队先夺取马来亚北部的机场。日本第二十五军的主力部队将走

陆路进攻,尽快从印度支那穿过暹罗,直下克拉地峡支援先头部队。接着先头部队和主力合兵一处,沿着马来半岛西海岸一路向南推进。

此次日军远征路途遥远,并且马来亚英军总司令阿瑟·珀西瓦尔将军手握八万八千人的重兵,其中英军一万九千人,澳大利亚军一万五千人,印度军三万七千人,马来亚军一万七千人。表面上看,日军规模实在是"太小"了,但阿瑟·珀西瓦尔的部队尽是训练不足、装备落后的杂牌军,而山下奉文手上的三个师团——近卫师团、第五师团及第十八师团都是日军的王牌部队。日军的进攻兵力还装备有二百一十一辆坦克和五百六十架性能比英军更加优异的飞机。英军在马来亚没有坦克,飞机数量也仅有日军飞机数量的四分之一。日军预计,1941年11月到1942年3月,印度洋季风带来的大量降水会冲毁一些现有的道路,英军只能凭借幸存的质量较好的道路抵抗,效率会大大降低。日军还预计马来亚高达七千英尺的密布丛林的山脊将令半岛东侧与西侧的英军不能呼应,而这一点有利于日军将部队从东海岸转移至西海岸。

英军地面部队全部散开,去防守那些用于拱卫港口而修建的机场。然而,港口里并没有舰队,有些机场甚至没有足够的空军部队。更让人想不到的是,到头来日本人才是这些港口和机场的最大受益者。

日军的主要登陆场是位于马来半岛暹罗地峡的宋卡港和北大年府,另外在更北部的暹罗海岸还有四个辅助登陆场。第三个主要登陆场在马来亚境内,即哥打巴鲁。从第三登陆场上岸的日军部队首先要占领英军设在那里的机场,并在日军主力沿西海岸发

动主攻的同时于东海岸牵制英军的行动。当地时间1941年12月8日凌晨,也就是在偷袭珍珠港前的一个多小时,日军登陆开始。经过短暂的战斗,英军就放弃了日军的目标机场,而日军夺取位于暹罗境内机场的行动则更加势如破竹。英军原本想通过"斗牛士行动"先发制人,但唯恐破坏暹罗的中立。直到日军在暹罗有所行动之后,"斗牛士行动"才开始,但为时已晚。此前,英国空军侦察机于1941年12月6日准确侦知了一支日本舰队在暹罗湾的行动,但苦于气候恶劣,未能继续有所作为。英军为"斗牛士行动"做的准备到头来反倒打乱了自己的防御部署。12月10日晨,日本第五师团已经抵达马来半岛西海岸,并突破了马来亚边境,兵分两路进入吉打。

就在这一天,英国在海上也蒙受了巨大的损失。

1941年7月英国对日本实行石油禁运以后,丘吉尔"终于意识到禁运带来的恶果"。8月25日,丘吉尔提议派遣一支"威慑舰队"前往远东。英国海军部计划在远东集结六艘战列舰,包括"罗德尼"号、"纳尔逊"号及另外四艘老式战列舰,再加上一艘战列巡洋舰和三艘航空母舰。但丘吉尔更青睐"少而精"的派遣方案,于是在8月29日向海军部提议将"威慑舰队"的编制定为一艘最新式的"英王乔治五世"级战列舰、一艘战列巡洋舰及一艘航空母舰。

> 我认为日本是无法对抗英国、美国与苏联的……日本人会因为我们的"威慑舰队",特别是最新的"英王乔治五世"级战列舰的到来而感到更加举棋不定。这或许可以

起到关键性的威慑作用。①

于是,"英王乔治五世"级战列舰"威尔士亲王"号和"反击"号战列巡洋舰奉命驶向新加坡,但英国并未给这支"震慑舰队"②配备航空母舰。原本应该一同开赴新加坡的航空母舰"不挠"号在牙买加因搁浅而不得不返回船坞修理,因此没有编入这支"震慑舰队"。但英军没有要求此时在印度洋的另一艘航空母舰加入"震慑舰队"。英军的大型战舰此时只能依靠航程有限的岸基飞机。然而,马来亚附近的英军即便是在北部机场没有丢失时也非常缺少岸基飞机。

1941年12月2日,"威尔士亲王"号战列舰和"反击"号战列巡洋舰抵达新加坡。12月3日,海军上将汤姆·菲利普斯抵达新加坡并奉命担任"远东舰队"司令。如前文所述,日军在12月6日从印度支那往马来亚运兵的动向被英军发现了。12月8日中午,汤姆·菲利普斯获悉日军在哥打巴鲁登陆,并且至少得到了一艘"金刚"级战列舰、五艘巡洋舰和二十艘驱逐舰的掩护。当天下午晚些时候,汤姆·菲利普斯决定率领"Z舰队"(除"威尔士亲王"号和"反击"号外,另有四艘驱逐舰)在北部机场失守、没有空中掩护的情况下到马来亚北部海域打击日军运输舰队。

1941年12月9日傍晚,天气状况变好,笼罩着"Z舰队"的海雾也随之消散。日军从空中发现了"Z舰队"的动向,"Z舰队"

---

① 丘吉尔:《第二次世界大战回忆录》,第3卷,第774页。——原注
② 史称"Z舰队"。——译者注

第2章 日军掀起征服的恶浪

只好因此调头向南,返回新加坡。当晚返程时,舰队收到了新加坡发来的误报:日军在马来半岛东海岸中点的登陆场关丹登陆。汤姆·菲利普斯认为舰队有能力冒险向这支登陆部队发起突然袭击,于是下令舰队改变航向,前往关丹。

日军为拦截招摇的"Z舰队"做足了准备。日军动用了第二十二航空队。该部基地设在印度支那南部靠近西贡的机场,配备有日本海军航空队最善战的飞行员。此外,日军还派出十二艘潜艇潜伏在从新加坡到哥打巴鲁和宋卡的各条航路之间。1941年12月9日下午刚过,"Z舰队"北进的行踪就被东端的日军潜艇发现。消息一到,原本准备起飞轰炸新加坡的日军第二十二航空队连忙把炸弹换成了鱼雷,准备对"Z舰队"发动夜袭,却因汤姆·菲利普斯临时决定改变航向而扑空。不过,第二十二航空队在日落前再次起飞,并在关丹附近发现了"Z舰队"。

1941年12月10日,日军动用了三十四架水平轰炸机和五十一架鱼雷机轰炸"Z舰队"——水平轰炸机在12月10日11时左右发起攻击,鱼雷机随后逐梯队跟上。尽管英军舰艇高速机动躲避,并且"威尔士亲王"号装备的一百七十五门高射炮能打出密度为每分钟六万发炮弹的防空弹幕,但日军投射的炸弹和鱼雷还是准确落在了两艘战舰上。最终,"反击"号于12月10日12时30分被击沉,"威尔士亲王"号于12月10日13时20分被击沉。海军上将汤姆·菲利普斯失踪,护航的驱逐舰成功救起了两舰两千八百名船员中的两千名。日军损失飞机三架,并未干涉英军的救援行动。

战前,丘吉尔和海军部的官员一样,都对"战列舰会被飞机击沉"的想法嗤之以鼻。1941年12月,这些痴想随着"Z舰队"沉

入大海一同破灭。丘吉尔写道:"目前,无论是我国还是美国盟友,都严重低估了日军的空中战斗力。"①

经此一败,盟军在马来亚和新加坡败局已定。日军如入无人之境,不断运送部队登陆,并在海边修建空军基地。日军凭借比马来亚英军强得多的空中力量打垮了英军防线,沿着马来半岛长驱直入,最终杀进新加坡。英军早前的失察和误判是新加坡落入日军之手的最主要原因。

1941年12月10日以后,马来半岛西海岸的英军节节败退。英军在很多地方设置了路障(例如日得拉路障)。但日军要么用坦克和大炮将路障轰平,要么让步兵进入丛林从侧面绕过。马来亚北部英军指挥官刘易斯·麦克尔斯菲尔德·希思希望死守霹雳河,但日军纵队从北大年府突进,最后反倒包抄了英军的防线。日军还利用在进攻中缴获的英军小船渡海,从侧面包围了英军重兵设防的金宝。

1941年12月27日,英国陆军中将亨利·波纳尔爵士从空军中将罗伯特·布鲁克·波帕姆爵士手中接棒,担任英军驻远东总司令。

1942年1月,英军退守斯林河。这道防线掩护着雪兰莪省和连接吉隆坡一带英军南部机场的道路。但在1月7日到8日,一队日军坦克冲破了英军防守欠佳的防线,夺取了深入前线二十英里的一座公路桥。日军以损失六辆坦克、少量步兵伤亡的轻微代价,换来了英军四千名士兵及装备的惨重损失。印度第十一师被打得溃不成军。英军只好被迫早早丢下马来亚中部地区,因而久守柔佛北部地

---

① 丘吉尔:《第二次世界大战回忆录》,第3卷,第551页。——原注

第2章 日军掀起征服的恶浪

区以确保中东英军经海路支援新加坡的计策也无法实现了。

在英军溃败的这一天,阿奇博尔德·韦维尔前往爪哇岛赴任美英荷澳联军统帅部最高司令的路上经过新加坡。远东司令部当时已经被撤销,亨利·波纳尔改任美英荷澳联军参谋长。阿奇博尔德·韦维尔计划以柔佛为基地,将精锐部队和增援部队都部署在柔佛。与阿瑟·珀西瓦尔逐步撤退的策略不同,阿奇博尔德·韦维尔将部队部署在柔佛是为了更快撤退。1942年1月11日,英军放弃吉隆坡。两天后的1月13日(而不是原定的1942年1月24日),英军更是放弃了淡边的重要阵地。日军乘虚而入,控制了当地质量尚好的公路网。这样一来,其两个师团便可以同时(而不是轮番)投入战斗。澳大利亚军队固守金马士的计划也因此化为泡影。英军就这样以比预想还快的速度撤出了柔佛。

与此同时,东海岸的英军也在撤退,并于1942年1月6日放弃了关丹及那里的机场。由于畏惧日军的海上威胁,英军于1月22日放弃了兴楼。1月30日,两路英军都已经退到马来半岛南端。1月31日晚上,英军后卫部队横渡海峡,躲进了新加坡岛。日本陆军航空兵实力不如海军航空兵,只在轰炸英军机场时有些贡献,对于撤退中的英军干扰不大。

日军就这样仅用五十四天便攻下了马来亚。英军付出了约两万五千人的惨重损失,其中大部分都当了俘虏。另外,英军还丢失了大量装备,但日军伤亡人数不过约四千六百人。1942年2月8日(星期日)晚上,日军两个先头师团一路向南,穿过长约五百英里的马来半岛,准备渡过新加坡和大陆之间窄窄的海峡。海峡长三十英里、宽八英里,日军选择了其中一段由澳大利亚第

二十二旅的三个营把守的宽度不足一英里的地方登陆。

日军尽全力找到一些小船,让先头登陆部队搭乘装甲运输载具冲锋,主力乘找来的小船跟上——部分日军士兵甚至选择武装泅渡。英军设法击沉了一些日军搭乘的小船,但日军大部分部队成功登陆。英军犯了太多防守错误,防御时没打开海滩探照灯,通信设备要么损坏要么不用,炮火支援也跟不上。然而,从没有人为这些纰漏给出一个合理的解释。

一万三千名日军士兵在天亮时成功登陆。此时,澳大利亚守军已经从滩头撤退到内陆阵地。1942年2月9日正午前,岛上日军已猛增至两万多人。日军甚至在新加坡岛的西北角建立了一个纵深阵地。稍迟,第三个日本师团开始登陆。岛上日军至此已有三万多人。

日军在登陆部队后面的陆地上还驻有两个师团,但山下奉文认为登岛日军太多将不利于部队展开,只在随后几天派遣援军替换岛上作战的日军。

英国守军人数比日军多,再加上日军进攻路线也在英军意料之中,因此守军应该能够抵御日军入侵。阿瑟·珀西瓦尔将军此时尚指挥着八万五千人,其中主要是英国、澳大利亚和印度部队,还有马来人部队和华人部队。但大部分英军训练不足,难以抵挡经过精挑细选、擅长在丛林和橡胶园地形机动作战的日军的进攻。另外,英军将领的指挥能力普遍欠佳。

战斗刚打响时,英军就有飞机数量不足、性能过时的问题。在最后关头,硕果仅存的飞机竟然都撤退了。面对日军空袭却缺乏有效的反制手段,这无疑使本已因从马来半岛节节败退的英军

第2章 日军掀起征服的恶浪

士气更加低迷。

英国政府不能为马来战场英军提供足够空中掩护的决策失误绝不是丘吉尔和他的军事顾问大声疾呼几句"不惜代价,艰苦奋战""官兵战至最后一人""为了大英帝国荣誉而战"的口号,执行所谓"焦土政策""别管防守军民死活,先摧毁对占领者有用的一切物品"的政策就可以解决的。一切的一切,都体现出远在后方的英国当局对心理学的极度无知——士兵们只能看到自己身后的油罐被击中起火,冒着滚滚浓烟,怎么可能提升士气!如果他们意识到自己的命运只有战死或兵败被俘两种,那就更不用说了。一年以后,当面对背靠大海,撤退无路,寡不敌众的情况时,即便是身经百战的德军精锐也没能守住希特勒叫嚷着要"不惜一切"防守的突尼斯。士兵是很少会因"背水一战"的号召而士气大增的。

1942年2月15日,星期日。英军在新加坡的抵抗走到了尽头。此时距日军登陆才刚刚一星期。英军已经败退到新加坡岛南部海岸。粮食越来越少,淡水随时可能断供。当天晚上,勇敢的阿瑟·珀西瓦尔将军做出了一个痛苦的决定:眼见败局已定,为了让英国残军和新加坡百姓免遭屠戮,他要手举白旗,亲自向日军指挥官投降。新加坡历史上的两个"黑色星期日",对自诩为"日不落帝国"的英国殖民统治是何等重击!

不过,新加坡的丢失并非因为英军陆战的失败,这只是两个月前"Z舰队"覆灭的余波而已。

新加坡的丢失也是英国政府一连串失察和犯错结出的苦果。英国对新加坡这一新军事基地及其防御工事的建设进度慢得可

怜——出于政治原因不愿意花钱并非唯一的阻力。英国政界与军界就"什么是最好的防守方法"一直争论不休,特别是人称"三位一体般团结"的参谋长委员会吵得最不可开交。空军参谋长休·特伦查德力推"飞机无比重要",前第一海军大臣戴维·贝蒂支持火炮,同时还嘲笑前者"飞机能对战列舰带来致命威胁"的论点,而这两位当时都是英国的铁腕名人。

在休·特伦查德与戴维·贝蒂当权的20世纪20年代,激烈的争论便让英国政府徘徊不定,以致他们退休之后争论还延续了很长一段时间。不过,总的来说,海军赢得了争论——基地安上了大炮,却没有配备飞机。不幸的是,日军进攻的方向并非来自火炮对准的海上,而是来自背后的陆地。

20世纪30年代,许多军事家提出,日军可能走马来半岛,从背后进攻新加坡。这种可能性很大,因为英国的海军基地就建在新加坡北部和马来半岛大陆之间狭窄的海峡里。当时,曾在1936年到1937年担任马来亚英军总参谋长的阿瑟·珀西瓦尔将军和马来亚英军司令官威廉·多比将军都认同这种观点。威廉·多比将军还下令,自1938年起在马来半岛南部修筑防线。

时任陆军大臣的莱斯利·霍尔-贝利沙很快发现:为了能将重心放在欧洲大陆的战场上,很有必要增强马来亚这支小规模守军的力量。当时,英国同德国、意大利王国开战在即,往地中海增兵才是头等大事。但莱斯利·霍尔-贝利沙还是动员印度将两个旅移防马来亚,将马来亚守军人数提升至原来的三倍。考虑到战前兵源有限,英军几乎不可能再多派援兵了。

随着1939年9月大战爆发,英国的兵源增多了。不过,由于当

第2章 日军掀起征服的恶浪

时战场仅限于西欧，当然要把兵源都集中在西欧战场。后来，到了1940年5月和6月，英国先后经历了敦刻尔克的惨败、法国的沦陷和意大利王国参战。在此危急之际，当务之急自然是保卫英国本土，其次才是保卫地中海地区，而这两项工作很难同时做到。丘吉尔竟敢冒险在这个时候将加强埃及防务的优先级排到强化英国本土防卫之前，不能不说是十分大胆了。

因此，批评英国政府在开战后使马来亚守军得不到足够的援助是鸡蛋里挑骨头的行为。马来亚守军在1940年到1941年如此严峻的形势下得到了六个旅的援兵实属难能可贵。可惜，英国没有在对守军而言更加重要的空中支援上有所作为。

1940年初，新上任的马来亚司令官莱昂内尔·维维安·邦德将军认为新加坡应被纳入马来亚防御的整体。因此，他预计最少需要三个师的兵力，并且英国空军要承担主要防御责任。英国政府原则上接受了这些观点，但在一个重要问题上做了修正：参谋长委员会将马来亚守军提出的"需要五百架现代化军机"的提议压缩到三百架，还说即便是三百架也要在1941年底才能配备到位。结果英军在1941年12月的马来亚前线仅有一百五十八架飞机，并且大部分还是老旧款。

1941年的时候，英国大部分可用的新式战斗机要么被投入到本土的防空作战，要么去支援地中海的那几次失败的进攻了。英国还在1941年下半年支援了苏联六百架战斗机。而马来亚不仅几乎没有得到新式战斗机，远程轰炸机也是一架没有（当时英国投入了几百架远程轰炸机用于夜袭德国，但当时那么做完全是白费力气）。显然，英国对马来亚的防务并没有给予足够的关注。

丘吉尔在自己撰写的回忆录中解答了这个疑惑：1941年5月初，担任陆军总参谋长的约翰·迪尔向他提交了一份反对不顾英国本土或新加坡安危而一味向北非增兵的文件。①

> 我认为失去埃及是灾难，但发生的可能性不大……埃及是因为我国本土才变得重要的，一旦德国袭击我国本土得手，我们就会失去一切。因此，必须先确保我国本土的防御才能顾及埃及。但埃及其实都轮不到第二位，因为根据我们制定的战略原则，应把新加坡的防务优先级提到埃及之前。但现在新加坡的防御力量还远远达不到要求。
>
> 在战争中难免冒险，但我们必须谨慎权衡得失，不该一味为了冒险而削弱重要地区的防御。

丘吉尔对此大失所望，因为这跟他设想的"攻打隆美尔的非洲军并早日在北非取得决定性胜利"的想法大相径庭。"要是这样，我们可能就要完全转攻为守……到时候我们就没法掌握主动权了……"他在一份措辞严厉的回信中这样写道：②

> （你的来信让我觉得）你情愿失去埃及和尼罗河河谷，眼看着我们集结的五十万大军在那儿战败投降或被毁灭，也不愿意失去新加坡。我不同意你的见解，也不

---

① 丘吉尔：《第二次世界大战回忆录》，第3卷，第375页。——原注
② 丘吉尔：《第二次世界大战回忆录》，第3卷，第376页。——原注

第2章 日军掀起征服的恶浪

认为新加坡会就此沦陷……日本一旦加入战圈,美国肯定会站到我们这边来。因此,日本人无论如何都不太可能一开始就包围新加坡,因为他们把巡洋舰和战列巡洋舰部署在东方贸易航线上。这对我国的危险不大,对他们自身危害却很大。

显然,恼羞成怒的丘吉尔是在歪曲约翰·迪尔的好意。增援马来亚与削弱埃及无关,但这很可能会推迟丘吉尔寄予厚望的北非攻势。1941年6月,英军在北非的攻势遭遇惨败,同年11月再次增兵进攻也未获得任何关键成果。丘吉尔对总参谋长约翰·迪尔这番气话式的回复显示了其对新加坡面临的危险的极度轻率。但丘吉尔在回忆录中竟然是这样写的:①

> 我曾目睹过多届政府对专家至高无上的权威诚惶诚恐,但我可以轻易说服我的同事们——海军首长与空军首长当然是站在我这一边的。因此,我的主张得以贯彻,大批援兵因此源源不断进入中东。

1941年7月,美国总统罗斯福派遣私人顾问哈里·霍普金斯访英,传达其对丘吉尔中东政策是否妥当的担忧,还警告英国"可能在中东干过头了"。美军的专家也赞同罗斯福总统的警告,认为新加坡的防御应被提到埃及前面。

---

① 丘吉尔:《第二次世界大战回忆录》,第3卷,第377页。——原注

然而,这一切都没能促使丘吉尔回心转意。"我绝不会放弃在埃及的努力。要是马来亚战事出了什么差池,我就辞职以谢天下!"实际上,他并不觉得马来亚会有什么危险。"我承认,比起当时我们面临的更实际的危险,日本的威胁只能好比一个虚无缥缈的午夜幽灵。"如此看来,失去马来亚基本上是丘吉尔的个人过错——就为了在北非发动一场令他称心如意但又不切实际的进攻。

新加坡的沦陷带来了很直接的战略灾难:缅甸和荷属东印度群岛被日军占领。现在,日军往西威胁印度,往东对澳大利亚虎视眈眈。英国为了夺回失去的一切,花费了大量人力、物力和四年的时间。但最终造成日本战败的并非英军,日本是被自己拖垮的,原子弹的破坏力也是重要因素。

大战初期,新加坡的陷落还带来了一个无法填补的长远伤痕——过去,新加坡是西方,特别是英国凭借制海权在远东统治权力的象征。英国自第一次世界大战以来一直强调要在新加坡建立海军基地,可见其重要性实际上已经超越了其战略价值。但日军在1942年2月轻易便攻占了新加坡。欧洲(特别是英国)在亚洲的霸权由此受到了不可逆转的创伤。

白人的魔法不灵了,在亚洲的优越感自然没法因他们最终卷土重来而继续保持。战争一结束,反抗欧洲殖民统治的浪潮一下子就席卷了整个亚洲。

缅甸沦陷

作为一场独立战役,英国失去缅甸是马来亚沦陷带来的恶果

第 2 章 日军掀起征服的恶浪

之一。只有占领缅甸,日本人才能夺取通往中国和太平洋的"西大门",从而最终完成所谓"绝对国防圈"的建设。饭田祥二郎指挥第十五军负责此次战役。

第十五军仅下辖两个师团,算上支援部队,其兵力也不过三万五千人。然而,第十五军不仅要占领暹罗(包括克拉地峡大部),还要负责保护在宋卡登陆以后由陆路南进马来亚的第二十五军后背。随后,第十五军被授予了进攻英属缅甸并夺取其首府仰光为直接目标的独立军事任务。

虽然日军此举是在用小部队冒大风险,但守卫缅甸的英军量少质差,日军可以凭借精锐部队与之一搏。最开始,缅甸守军只有包括新成立的缅甸部队、勉强可称为骨干力量的一个印度旅和两个英军营共一个多师的兵力,另有一个充当总预备队的印度旅正在赶来支援的路上。东南亚战事一起,英军便将大部分后备部队派往马来亚。然而,还是没能赶在新加坡沦陷前派上用场。直到1942年1月底,缅甸守军才勉强获得了人员编制不满、训练不充分的印度第十七师作为"较有实力"的增援。日军在空军方面更是占尽优势。一开始,英军军机与日军军机对比为三十七比一百。1月底,马尼拉被日军占领后,日军又调来一个航空旅增援,飞机的数量因此翻了一倍。

1941年12月中旬,为了切断英国对马来亚的空中支援,日军其实就已经派遣第十五军的一支特遣队进入克拉地峡西面缅甸一侧的丹那沙林,占领了英军设在这里的三个重要机场。1941年12月23日和25日,日军猛烈空袭仰光,当地的印度劳工队因此被吓得纷纷逃命。1942年1月20日,日军从暹罗正面进攻毛淡棉。经过

亚太搏杀：日本法西斯的穷兵黩武

激战，1942年1月31日日军占领毛淡棉。守军的背后是宽阔的萨尔温江，守军险些堕入被日军俘获、歼灭的厄运。

1941年12月底，阿奇博尔德·韦维尔爵士派遣他在印度的总参谋长托马斯·赫顿中将担任缅甸守军总指挥。而托马斯·赫顿又任命印度第十七师师长、维多利亚十字勋章获得者约翰·乔治·史密斯少将统管毛淡棉到仰光一带的杂牌部队。

日军占领毛淡棉后，一路向西北挺进。1942年2月的头两个星期，日军从当地和二十五英里外的上游渡过萨尔温江。约翰·乔治·史密斯少将一直力主撤退到一个方便集中兵力的地点再做打算，但等后退命令批准下来时，即便托马斯·赫顿在狭窄得可以从很多地方趟过的比林河上组织防御阵地，也已经来不及了。日军一下子就包抄了英军阵地。于是，英军赶快撤退到离前线三十英里（离仰光七十英里）、河宽一英里的锡当河一带。日军再次经丛林抄小路包抄英军。日军虽然遇到阻碍，但还是抢先英军一步。2月23日，日军炸毁了英军撤退必经的锡当大桥，把约翰·乔治·史密斯少将的大部分兵力困在了锡当河东岸。尽管有三千五百名士兵还是绕路侥幸逃脱了，但其中大半在撤退时把枪支扔掉了。3月4日，日军趁机到达了公路和铁路交会的勃固，将约翰·乔治·史密斯少将的残兵和少量增援部队团团包围起来。

1942年3月5日，陆军上将哈罗德·亚历山大爵士前来接替托马斯·赫顿，成为新的驻缅甸英军总指挥——英军高层没想到这么快就一败涂地，丘吉尔临阵换将也在情理之中。但这对绰号叫"汤姆"的托马斯·赫顿来说是很不公平的。他很早就怀疑英军可能守不住仰光，因此便着手一边为仰光以北四百英里外的曼德

第 2 章　日军掀起征服的恶浪

勒送给养，一边从印度的曼尼普尔邦修建一条连接曼德勒和中国云南，最终直抵重庆的滇缅公路，这又体现出他的先见之明。在当时甚至更早的时候，英国国内普遍赞同阿奇博尔德·韦维尔爵士"高估日军实力"的看法——其实只要反击得力，是不难打破日军"实力很强"的神话的。

刚刚上任的陆军上将哈罗德·亚历山大爵士决心死守仰光，并通过发起反攻力求挽回局面。虽然新增援的第七装甲旅[①]和步兵打得很勇猛，但收效甚微。哈罗德·亚历山大爵士很快就接受了托马斯·赫顿的策略，在1942年3月6日下午下令对仰光大搞破坏，并在3月7日下午破坏结束后就撤退了。英军侥幸在日军包围圈中找到一条经卑谬通往北方的道路，并从这个缺口逃脱了。日军则在3月8日惊讶地开进了已经是一座空城的仰光。

双方现在刀兵暂息，日军得到了第十八师团、第五十六师团及两个坦克联队的增援。日军飞机数量又翻了一倍，达到四百架。英军只得到了少得可怜的增援：英军的空中力量只有三个疲惫不堪的空军中队，外加蒋介石借给英军的两个"飞虎队"中队——总共由四十四架"飓风"战斗机和"战鹰"战斗机组成。这些空中力量有效击退了日军的空袭，并使日军损失惨重。但英军一撤退，这些飞机大部分也随英军撤退到了印度。1942年3月底，英军从中东调来包括轰炸机和战斗机在内的约一百五十架军机前来支援。但英军失去了仰光，预警系统也随之被破坏，这些新来的飞机便无法发挥早期那样好的抵抗效果。

---

① 即前文活跃于北非战场的第七装甲旅，此时调到缅甸战场。——译者注

亚太搏杀：日本法西斯的穷兵黩武

　　1942年4月初，日军第十五军在得到增兵后便沿着伊洛瓦底江北上曼德勒，意图切断通往中国的滇缅公路。此时，英军的兵力在六万人左右，正把守着曼德勒以南一条一百五十英里的防线，中国远征军在其东侧策应。结果日军大胆往西侧挺进，将西侧守军包围，还在1942年4月中旬攻占了仁安羌油田。美国军官同时是蒋介石"左右手"的史迪威将军计划先放任日军沿着锡当河上游推进，然后再钳形包围这支日军。而日军却向东迂回，向滇缅公路上的腊戍推进，打乱了史迪威的计划。日军所到之处，守军纷纷迅速撤退。很快，腊戍和滇缅公路就保不住了。

　　因此，亚历山大·哈罗德上将明智地决定，不能如日军所愿地一味死守曼德勒，而应往印缅边境撤退。1942年4月26日，英军就这样在后卫部队的掩护下开始了长达两百英里的大撤退，并在4月30日炸毁了伊洛瓦底江上的阿瓦大桥。5月1月，日军侧翼部队进入了腊戍。

　　现在，摆在英军面前的主要问题就是如何在1942年5月中旬雨水泛滥淹没公路前越过边境撤到印度阿萨姆邦。日军沿着钦敦江一路穷追猛打，但英军后卫部队还是抄小路在雨季开始前一周到达了德穆。英军有生力量大都得以保留，但丢弃了大量装备和几乎所有的坦克。英军在缅甸战役中伤亡一万三千五百人，四倍于日军四千五百人的伤亡。多亏了英国第七装甲旅多次用坦克阻挠日军进攻，并且决定放弃仰光之后冷静地撤退，英军这才侥幸走完了长达一千英里的逃亡之旅。

第 2 章 日军掀起征服的恶浪

败走锡兰①、印度洋

日军以破竹之势从仰光挺进曼德勒时，英国在海上也因日本海军进入印度洋而惊恐不已——因为英国认为日本海军可能会把印度东南角附近的大岛锡兰当作威胁英国通往印度、澳大利亚及绕过好望角到南非和中东等航线的重要跳板。与此同时，随着马来亚失守，锡兰的橡胶对英国就尤其重要了。英国参谋长委员会告知阿奇博尔德·韦维尔爵士，锡兰比加尔各答②更重要。因此，阿奇博尔德·韦维尔在驻缅英军兵力不足、驻印英军羸弱不堪的情况下，还是在锡兰集结了六个旅的兵力。1942年3月，英国专门为防守锡兰组建了一支新的舰队。这支舰队有五艘战列舰，其中四艘比较老旧，另外还有三艘航空母舰，但其中的"竞技神"号是一艘老旧的轻型航空母舰。这支舰队由海军上将詹姆斯·萨默维尔负责指挥。

此时，日本海军正打算以之前偷袭珍珠港的五艘航空母舰另加四艘战列舰的强大兵力从西里伯斯岛攻入印度洋。乍一看，英军很难保住锡兰，但日本海军的"威胁"其实并没有想象中那样来势汹汹。日本海军基本上都采用以攻为守的战术，没有多余的部队入侵锡兰。日本海军进入印度洋只有两个目的：一是为了击溃英国海军舰队，二是为了向仰光运兵提供掩护。

海军上将詹姆斯·萨默维尔预计日军要在1942年4月1日进

---

① 锡兰是斯里兰卡的旧称。——译者注
② 加尔各答当时是英属印度的首府。——译者注

攻，于是把舰队一分为二：其中配备航速更快、性能更好的战舰的A队先执行巡逻任务，然后到距离锡兰西南约六百英里外的马尔代夫阿杜环礁的英军秘密基地去补充油料。然而，日军实际上是在4月5日上午才发动攻击。日军以一百多架飞机空袭科伦坡港，不仅对港口造成了严重破坏，还把前来拦截的英国空军也打败了。下午，日军用五十多架轰炸机发动了第二轮空袭，将英军的两艘巡洋舰击沉了。詹姆斯·萨默维尔上将的舰队因为已经兵分两路，所以此时根本来不及出手阻挡，只能分头撤退——航速较慢的老式战列舰撤至东非，航速较快的新式战列舰则撤至孟买。4月9日，日军对亭可马里发动了一次成功的袭击，随后便撤退了。同时，日军在孟加拉湾击沉了二十三艘商船，总吨位十一万两千吨。

　　英国海军再次蒙羞，所幸后来没有丢更大的脸。如果英军不在锡兰用这支明显过时的老爷舰队刺激日军，日军可能根本不会进攻——因为这已经超出日军原作战计划的范围了。

　　后来，还有一件事使英军既分散了兵力又加剧了与法国的紧张关系。为防日军抢先一步，英军派遣一支陆海军特遣队夺取了法属马达加斯加北部的迭戈苏亚雷斯港。这场军事行动劳师动众。1942年9月，英军又发动进攻，意在拿下整个法属马达加斯加岛。正如1940年英军在阿尔及利亚奥兰港的米尔斯克比尔击沉法军军舰的著名战例告诉我们：一味恐惧终究是没有出路的。

第 3 章 太平洋战场的转折点

The Tide Turns in the Pacific

第3章 太平洋战场的转折点

日军在太平洋地区发动进攻,搞所谓"大东亚共荣圈"的目标实际上用了不到四个月就已达成。日军当时已经完全占领了马来亚、荷属东印度、中国香港,几乎占领了菲律宾群岛和缅甸南部。1942年5月6日,科雷希多岛的海岛要塞投降,美国从此失去了在菲律宾的最后据点。5月下旬,英军被赶出缅甸,退到印度境内,中国军队和盟军的联系也被切断了。日军打了这一连串的大胜仗,却只付出了约一万五千人、三百八十架飞机和四艘驱逐舰的代价。

日军轻取一连串胜利后,自然不愿按照原来的战略改攻为守。日本人害怕一旦改变战略,斗志就会逐渐下降,而经济实力强大的西方对手就可以得到喘息。特别是日本海军急于消灭夏威夷和澳大利亚这两个可以让美军在太平洋上卷土重来的基地。日本人指出,美国海军的航母舰队仍可从夏威夷出击,而显然澳大利亚正在变为美军的跳板及基地。

日本陆军仍在中国,不愿调出进行一场远征所需的兵力。如要入侵澳大利亚这样的大国,就需要一支规模庞大的远征军。此前,日本陆军就已经拒绝协助完成海军联合舰队参谋部提出的占

领锡兰的计划。

然而，日本海军希望通过一次胜利堵住陆军主官提出反对意见的嘴，为远征提供所需的兵力。海军大将山本五十六和联合舰队参谋部支持"占领位于珍珠港以西一千一百英里的中途岛"这一方案——以"占领中途岛"为饵，引诱美国太平洋舰队出战并消灭之。但日本海军军令部宁愿一路穿过所罗门群岛，通过夺取新喀里多尼亚岛、斐济和萨摩亚群岛等一连串岛屿来堵塞美国与澳大利亚之间的海上交通线。一个有力支持日本海军军令部"孤立澳大利亚"方案的理由是，1942年3月底，日军已经从拉包尔前进到新几内亚北海岸和所罗门群岛，在"完成包围圈"上已经走了很远。

然而，日军对于"采用何种方案更好"的辩论被1942年4月18日美国对东京的空袭中断。后来，辩论的话题也变了。

詹姆斯·杜立特轰炸东京

之所以对日本腹地——首都东京进行轰炸，是因为美国要"报珍珠港一箭之仇"。轰炸东京的计划工作从1942年1月就已经开始。当时，美军面临着基地距离日本太远，轰炸机只能从航空母舰上起飞的问题。但美军获悉，日本在距离本土五百英里外的海域还有警戒船巡逻，所以美军飞机必须从距离日本本土五百五十英里的地区起飞——海军的舰载机航程太近，无法满足来回一千一百英里的要求。此外，美军航空母舰数量不多，但十分宝贵。如果停船等待飞机返航，有可能会遇到危险。因此，美

第3章 太平洋战场的转折点

军决定动用陆军的远程轰炸机,在轰炸东京完毕后,继续向西飞到中国的机场降落。

这就需要使用一款能够飞行两千多英里,并且能从航空母舰上起飞的远程轰炸机。美军最终选中了B-25"米切尔"轰炸机。携带副油箱的B-25轰炸机能挂载两千磅炸弹飞行两千四百英里。在中校詹姆斯·杜立特的带领下,美军飞行员练习短距起飞和长程贴水面飞行的技术。由于B-25体积过大,难于被装在航空母舰的甲板下的机库,并且起飞也需要空间,因此只能投入十六架进行空袭。

1942年4月2日,被选中执行任务的"大黄蜂"号航空母舰在巡洋舰和驱逐舰的护送下从旧金山启程出发。4月13日,"大黄蜂"号与以"企业"号为核心的TF-16特混舰队会合。因为"大黄蜂"号将飞机都装在甲板下的机库里,所以空中掩护就由"企业"号负责。4月18日,在距东京六百五十多英里的海域,美军航空母舰的行踪被日军巡逻舰发现。当时还是海军中将的舰队司令小威廉·哈尔西在和詹姆斯·杜立特谈话后达成共识:轰炸机即使是有一点额外航程也要立刻起飞。事后证明这是个明智又好运的选择。

1942年4月18日8时15分到9时24分之间,美军轰炸机依次起飞。四小时之内就飞临日本上空,出其不意地冲破防线,在东京、名古屋和神户扔下了包括燃烧弹在内的各式炸弹。接着,就趁风飞往中国。但出于误会,中国衢州机场没有做好迎接准备,轰炸机机组成员不得不跳伞或者迫降。美军机组成员一共八十二人,其中七十人成功返回,另有三人被日军抓住,并以轰炸民用目标罪处决。两艘美军航空母舰安全逃脱,4月25日返回珍珠港。

另外一件幸运的事情是，日本当局根据自己对于美军航空母舰舰载飞机航程的估计，罔顾巡逻船警告，认为空袭会在1942年4月19日，也就是晚一天才会到来。因此，日本的航空力量要到4月19日才能做好迎战准备，也只有到那一天，海军中将南云忠一的航空母舰才会驶到指定位置准备反击。

空袭东京最主要的战果就是重振了因珍珠港事件而动摇的美军士气，迫使日本留下四个陆军航空兵的战斗机大队留在国内，保卫东京等城市。另外空袭还迫使日本派出由五十三个营组成的讨伐部队去扫荡美军轰炸机着陆的浙江省，对日军的兵力也起到了牵制作用。还有一个后果对日本也具有牵制作用，但意义更加重大，就是日军决定通过大举南进切断美国和澳大利亚之间的联系，并发动中途岛战役，抢先制止美国空袭。不过，这样日军就无法集中力量与美军作战了。

根据已经修改的计划，日军接下来的行动就是双管齐下。第一步，既要深入所罗门群岛，又要夺取图拉吉岛——图拉吉岛可用来修建为向东南方向跃进提供水上飞机掩护的空军基地，还要攻占能将澳大利亚昆士兰州纳入日军轰炸机航程内的新几内亚南岸的莫尔兹比港。第二步，由山本五十六指挥日本海军联合舰队占领中途岛及西阿留申群岛各要点。如果如愿摧毁美国太平洋舰队，就继续往东南推进，执行摧毁美国到澳大利亚海上航线的第三步计划。

日军的第一步计划导致珊瑚海战役的爆发，第二步计划导致中途岛战役的爆发，第三步计划导致双方在图拉吉岛附近的大岛——瓜达尔卡纳尔岛的长期激烈争夺战。

第3章 太平洋战场的转折点

日军的计划虽然花样繁多,却起了一个适得其反的间接作用:让美军弥补了作战计划和指挥人员安排方面的漏洞。

1942年4月初,美国担负起除苏门答腊外整个太平洋地区的责任,英国的责任范围是苏门答腊和印度洋地区。中国作为一个独立战场存在。美国将所属战区一分为二:西南太平洋地区的司令部设在澳大利亚,指挥官是麦克阿瑟;太平洋地区的指挥官是切斯特·威廉·尼米兹。两人都是强硬派,彼此还有可能起摩擦。对日本作战的谋划让两人都忙了起来,彼此都有了用武之地。此外,美军西南太平洋战区和太平洋战区以所罗门群岛为界,如要对付日军的两栖威胁,就不得不同时动用麦克阿瑟的地面部队和切斯特·威廉·尼米兹的海军部队。因此,两人必须共同谋划工作安排。

珊瑚海战役

用于执行第一步计划的日军地面部队和航空兵部队已经集结在位于新不列颠岛的拉包尔,海军部队则集结在往北一千英里的加罗林群岛的特鲁克岛。在这支将被用于两次两栖作战的大军身后则是一支随时可以击败美军干预的航空母舰打击部队,由"翔鹤"号航空母舰和"瑞鹤"号航空母舰(携带包括四十二架舰载战斗机和八十三架舰载轰炸机在内的一百二十五架飞机)及若干护航的驱逐舰、巡洋舰组成。此外,日军在拉包尔另有一百五十架飞机可以作为支援。

盟军的主要优势在情报方面。情报部门已经发现了日军计划

的主要线索。因此,切斯特·威廉·尼米兹把所有兵力派到了南方。这其中有搭载一百四十一架舰载机(舰载战斗机四十二架、舰载轰炸机九十九架)的"约克城"号和"列克星敦"号航空母舰,以及两个护航的巡洋舰战斗群;另外两艘参加过轰炸东京战斗的航空母舰"企业"号和"大黄蜂"号也奉命赶往珊瑚海,但它们迟到了,没来得及参加战斗。

1942年5月3日,由于图拉吉岛上的小股澳大利亚守备部队在事先得到警告后就撤退了,因此日军未遇抵抗就登陆并占领了图拉吉岛。当时,"列克星敦"号正在海上加燃料,而当时还是美国海军少将的弗兰克·弗莱彻指挥的"约克城"号航空母舰距离战场较远。5月4日,"约克城"号航空母舰在距离图拉吉岛约一百英里的地方发起袭击,只击沉了一艘日本海军驱逐舰。"约克城"号航空母舰运气很好,日本海军为了免去额外再派一次运输船的麻烦,便把两艘航空母舰调去执行为拉包尔运输少量战斗机的任务了,因此"约克城"号也就没有遭到日军还击。这是双方在作战中犯的一系列错误(或者说是误会)的开始,而美国最终在与日本的兵力对比上占了便宜。

高木武雄中将的航母战斗群正往南航行,经过所罗门群岛以东,绕道珊瑚海,希望从背后袭击美国航空母舰。同时,美国海军"列克星敦"号航空母舰已经和"萨拉托加"号航空母舰会合并往北行驶,准备截击进攻莫尔兹比港的日军。1942年5月6日,也是科雷希多岛美军投降的坏日子,尽管日本航空母舰与美国航空母舰一度只相隔七十海里,但都只是在搜索彼此,并未进行直接接触。

第3章　太平洋战场的转折点

1942年5月7日清晨，日军搜索飞机报告：发现美国航空母舰及巡洋舰各一艘。高木武雄立刻下令全力轰炸，一下就炸沉了两艘船。然而，事后日军发现自己其实白白浪费了时间和精力，因为击沉的只是一艘油船和一艘驱逐舰。5月7日晚，高木武雄又发动一次规模较小的攻击，出动二十七架飞机，却损失了二十架。弗兰克·弗莱彻指挥的航空母舰也因错误情报而误入歧途，把精力都集中在为入侵莫尔兹比港的军事行动提供近距离掩护的日军舰队上。十分钟之内，他们就击沉日军轻型航空母舰"祥凤"号，算得上第二次世界大战期间最快的击沉记录之一。

1942年5月8日，日本航空母舰编队与美国航空母舰编队终于交锋。日军有舰载机一百二十一架，美军有一百二十二架，几乎势均力敌。在护航战舰方面，日军有重巡洋舰四艘、驱逐舰六艘，美军有重巡洋舰五艘、驱逐舰七艘，实力也差不多。但日本航空母舰编队在云带下面航行，而美国航空母舰编队的上方则是晴空，这就导致美军虽以三枚炸弹击中"翔鹤"号航空母舰并迫使其退出战斗，却根本没发现另一艘航空母舰"瑞鹤"号。美军方面"列克星敦"号航空母舰被鱼雷、炸弹命中，随后发生爆炸，美军只好放弃这艘被水手称为"列太太"的宝贵军舰。① 比较灵活的"约克城"号只中弹一发，带伤逃脱。

---

① 此处被击沉的是"列克星敦"级航空母舰"列克星敦"号（CV-2）。中弹时本来航空母舰火势曾一度得到控制，但在航行过程中因遭攻击而泄露的燃油被引燃，造成大爆炸，最终才被迫放弃，由"菲尔普斯"号驱逐舰发射鱼雷将其击沉。为了纪念这艘航空母舰的功绩，美军将一艘埃塞克斯级航空母舰也叫"列克星敦"（CV-16）号。在历史上，多艘军舰取同一名字的现象其实是很常见的。——译者注

1942年5月8日下午，切斯特·威廉·尼米兹下令美国航空母舰编队撤出珊瑚海。由于日军对莫尔兹比港的威胁暂时消失，美军的撤退格外顺利。日军错以为美军航空母舰都被炸沉，也退出了珊瑚海。

美军在海战中损失七十四架飞机，日军则损失八十多架。从绝对损失量看，美军飞机损失略少。在人员方面，美军仅损失五百四十三人，日军则损失一千多人。但日军仅损失了一艘轻型航空母舰，美军损失的是更强大的舰队型航空母舰。

不过，更重要的是，美军挫败了日军占领新几内亚莫尔兹比港的战略图谋，并凭借技术上的优势赶在下一次冲突爆发前就修好了"约克城"号航空母舰；但日军参与珊瑚海战役的两艘航空母舰受到的损伤都没有及时修好，没赶上更有决定性意义的中途岛海战。

珊瑚海战役具有史无前例的历史意义：美军舰队与日军舰队彼此从未照面，相隔距离也从战列舰交战极限的二十英里扩展到一百多英里。不仅如此，与此性质相同但规模更大的海战还在后面。

中途岛战役

日军大本营早在1942年5月5日的命令中就已经定下在第二阶段发起中途岛战役的计划。日本联合舰队参谋部提出的作战计划虽包罗万象且工于心计，但灵活度不够。日本海军投入了八艘航空母舰、十一艘战列舰、二十二艘巡洋舰、六十五艘驱逐舰和二十一艘潜艇，加上其他大小舰艇共约两百艘，另有六百多架飞

机从旁协助,几乎是全军参战。切斯特·威廉·尼米兹只拼凑出七十六艘军舰,并且三分之一属于北太平洋舰队,始终没有投入战斗。

日军为在中途岛的主要作战行动动用了以下几批部队。其一是先头潜艇部队,日军潜艇在三条警戒线上巡弋,削弱美国海军的反制手段。其二是近藤信竹中将指挥的十二艘搭载五千名士兵并带着护航舰队的运输船入侵部队。日军派出四艘重巡洋舰在该船队附近提供支援,另有两艘战列舰、一艘轻型航空母舰及四艘重巡洋舰在较远处组成掩护舰队。其三是南云忠一指挥的"第一航空战队"。该舰队配备搭载二百五十多架舰载机的四艘舰队型航空母舰,由两艘战列舰、两艘重巡洋舰和若干艘驱逐舰组成的护卫舰队保护。其四是山本五十六指挥的主力舰队,由三艘战列舰、一艘轻型航空母舰外加一支由若干驱逐舰组成的辅助舰队组成。其中一艘战列舰是新造的七万吨级、装备九门十八英寸主炮[①]的巨型战列舰"大和"号。

日军为进攻阿留申群岛配置了以下几支部队:其一是一直得到两艘重巡洋舰支援、由三艘运输船组成的入侵部队,搭载两千四百名士兵;其二是由两艘轻型航空母舰组成的航空舰队;其三是由四艘老式战列舰组成的掩护舰队。

日军决定,在阿留申群岛作战。1942年6月3日,日军空袭荷兰港;6月6日,日军兵分三路登陆。南云忠一要在6月4日派出舰

---

① 十八英寸约合四百六十毫米。当时美军同等级的"衣阿华"级战列舰配备的是九门十六英寸(四百零六毫米)口径火炮。——译者注

载机袭击中途岛机场，并在6月5日占领位于中途岛以西六十英里的库雷环礁，以此作为水上飞机基地。6月6日，日军巡洋舰将炮击中途岛，接着就在近藤信竹麾下战列舰的掩护下发起登陆行动。

日军设想，中途岛附近海域在自己登陆前是没有美国军舰的。日军希望美国太平洋舰队一听到阿留申群岛被空袭的消息就把舰队往北派遣。这样一来，美国太平洋舰队就会陷入日本两支航空母舰编队的夹攻之中。但日军在追求摧毁美国航空母舰这一战略目标时被自己的战术部署牵制，处于不利地位。由于1942年6月初月光明亮，山本五十六不愿意等到"瑞鹤"号航空母舰将在珊瑚海战役中受损失的舰载机补充完毕、可以增援其余航空母舰之后再下手。至于日军现有的八艘可用航空母舰，两艘被派往阿留申群岛，另外两艘随战列舰舰队航行。同时，航空母舰编队航速也受到航速慢的运输船的拖累。再者，如果日军的主要目标是摧毁美国航空母舰而非仅仅占领中途岛，那么行动中还要分兵攻打阿留申群岛的必要性就令人感到难以理解。最糟的是，日军在自找麻烦——用固定的时间表执行占领中途岛的任务，丧失了战略灵活性。

切斯特·威廉·尼米兹担心的主要是日军的优势兵力。珍珠港事件后，美军在太平洋已无战列舰可用，而珊瑚海战役后可用的航空母舰也只剩"企业"号和"大黄蜂"号两艘。不过，经过一番惊人的努力，美军设法用短短两天时间修复了原本预估需要九十天才能修复的"约克城"号航空母舰。这就让美军的航空母舰总数增加到三艘。

切斯特·威廉·尼米兹在获取情报能力上占的优势，足以弥

第3章 太平洋战场的转折点

补美军在兵力数量上的不足。美军三艘航空母舰及二百三十三架舰载机所在位置恰在中途岛以北,既不会被日军侦察机发现,又能依托以中途岛为基地、航程较远的"卡塔琳娜"式水上飞机[①]及早获知日军动态。1942年6月3日,也就是美军航空母舰就位后的第一天,美军就通过空中侦察发现在中途岛以西六百英里缓缓航行的日军运输船。美军航空母舰之所以能在被日军发现前从东北方向靠近,一方面是因为日军飞机在执行搜索任务时两机之间空隙很大,大型军舰因此得以钻空子;另一方面是因为山本五十六和南云忠一坚信美国太平洋舰队不在中途岛附近海域。

1942年6月4日清晨,南云忠一派一百零八架飞机空袭中途岛,又准备派一百零八架飞机轰炸被发现的美国军舰。日军舰载机部队以很小的代价重创了中途岛上的设施,但舰载机部队又回报南云忠一说还有发动第二次空袭的必要。此时,南云忠一的航空母舰正被从中途岛起飞的美军飞机轰炸。因此,他认为有必要摧毁中途岛上的美军机场,于是下令:鉴于现在尚未发现美军航空母舰的踪迹,原来准备攻击军舰的日军飞机卸下已经装好的鱼雷,改装炸弹,准备轰炸中途岛美军机场。

然而,日军很快就收到了美军舰队在大约两百海里外的消息。一开始以为都只是些巡洋舰和驱逐舰,不想1942年6月4日8时20分传来了更准确的报告,称美军舰队中还包括一艘航空母舰!对南云忠一来说,这是个尴尬时刻,因为鱼雷轰炸机大都已经换

[①] 一款由美国联合飞机制造公司生产的水上飞机,性能优异,曾被多个国家大量装备,是世界上产量最大、用途最广泛、最著名的水上飞机之一。——译者注

装炸弹了,而大部分战斗机又在执行巡逻任务。此外,日军必须检修第一波轰炸完成后从中途岛返回的飞机。

尽管如此,南云忠一在收到消息后,第一时间就把航向改为东北,这才摆脱了美军航空母舰派出的第一批俯冲轰炸机的袭击。1942年6月4日9时30分至10时24分,美军一连派出三批飞行速度较慢的鱼雷轰炸机袭击日军航空母舰。美军共派出鱼雷轰炸机四十一架,被日军战斗机和高射炮击落了三十五架。在那一刻,日本人觉得自己已经是海战的赢家了。

然而,由克拉伦斯·W.麦克拉斯基少校率领的从"企业"号航空母舰上起飞的三十七架俯冲轰炸机,短短两分钟就从一万九千英尺高空呼啸着俯冲而下——袭击突如其来,没有遭遇任何抵抗。当时,日军战斗机刚刚击落了第三批美军鱼雷轰炸机,根本来不及再升高反击,因此南云忠一的旗舰、航空母舰"赤城"号就被美军炸弹击中了。当时,日军飞机正在换装鱼雷,美军的炸弹引爆了机库里堆放的多枚鱼雷,船员们只能弃舰;"加贺"号航空母舰也被炸弹命中,舰桥被毁,全舰燃起熊熊大火,最终在当日晚间沉入大海;"苍龙"号航空母舰被"约克城"号航空母舰上的俯冲轰炸机用五百千克炸弹命中三次,不到二十分钟就被放弃了。

现在日军的舰队型航空母舰就只剩"飞龙"号完好无损。"飞龙"号航空母舰在1942年6月4日下午向"约克城"号航空母舰发起反击。"约克城"号航空母舰在珊瑚海战役中所受损伤虽经仓促修理,但并未被完全修复,这次更是被"飞龙"号航空母舰的舰载机打得受损严重,只能放弃。但二十四架美国俯冲轰炸机,其中十架属于"约克城"号航空母舰,在6月4日傍晚追上了

第3章 太平洋战场的转折点

"飞龙"号航空母舰,并将其重创。6月5日凌晨,日军放弃"飞龙"号航空母舰;9时,"飞龙"号航空母舰沉没。

1942年6月4日发生的战斗是人类海战史上已知最瞬息万变的战斗之一,也体现出以远程海空行动为表现形式的新式战争是"胜负难料"的。

山本五十六一听说麾下的航空母舰编队遭到惨败,立刻就集合战列舰,并将阿留申群岛的两艘轻型航空母舰召回,希望通过一场旧式海战挽回颓势。但随后传来的"飞龙"号航空母舰被击沉的消息和南云忠一的悲观报告还是让山本五十六改了主意。1942年6月5日清晨,山本五十六决定停止进攻中途岛,希望通过向西撤退让美军追击并进入陷阱。然而,美军在这次决战中指挥"大黄蜂"号航空母舰和"企业"号航空母舰的指挥官、海军少将雷蒙德·斯普鲁恩斯胆大心细,最终让山本五十六的希望落空。

先前,日军仍按计划于1942年6月3日清晨对北太平洋的阿留申群岛发起了进攻。两艘轻型航空母舰出动二十三架轰炸机和十二架战斗机空袭了荷兰港。日军的空袭力量过小,除非非常幸运,否则不可能发挥重大作用。加之,空袭当天乌云密布,云层将大地盖住,视线变得模糊,也使日军战果很小。6月4日,日军再次发动袭击。虽然投弹命中目标几次,但造成的破坏并不严重。后来,两艘轻型航空母舰便在6月5日南下支援主要的作战行动了。不过,日军的一支小部队在6月7日登陆后未遭抵抗便占领了三个目标岛屿中的基斯卡岛和阿图岛。日本的宣传机器为抵消海军在中途岛遭遇的大失败,对如此小的战果大加渲染。从表面上看,日军占领的两个岛因在北太平洋的阿留申群岛岛链中更靠

近日本到旧金山的最近航线而看似重要,但实际上,这些常被浓雾笼罩、巨浪冲击的礁石岛在日军跨太平洋攻击美国时,既不适合当空军基地,也不适合当海军基地。

总的来说,在1942年6月的一系列军事行动中,日军大败。在中途岛战役中,日军除损失一艘重巡洋舰之外,还损失了四艘舰队型航空母舰和大约三百三十架飞机——大部分是随航空母舰一同沉入海底的。美军只损失一艘航空母舰和大约一百五十架飞机。美军的制胜法宝是俯冲轰炸机,因为百分之九十以上的鱼雷轰炸机都被日军击落了,而陆军的B-17重型轰炸机在对舰攻击方面效率低下。

除了上文提及的基本战略错误,日军还有一些影响全局的弱点,从"指挥官"的角度来看有以下几处:待在"大和"号舰桥上的山本五十六处于一种"光杆司令"式的孤立状态;南云忠一因惊慌而发挥失常;山口多闻等将领在战败后非但不去想方设法夺回主动权,反倒依照传统以身殉舰。与山本五十六相反,切斯特·威廉·尼米兹在岸上坐镇能全面掌握战略形势。

日军更是因为一连串的战术错误导致麻烦倍增——派出侦察美军航空母舰的侦察机数量不足,缺乏高空掩护的战斗机,航空母舰防火措施很差,四艘航空母舰的飞机同时出击更意味着这些飞机同时返航接受检修、同时重新装弹,导致日军航空母舰有一段时间没有攻击力。日军在情况有变时还继续驶向美军舰队,给了美国飞机轻易发现南云忠一舰队并在其采取反制措施或用战斗机自卫前先发制人的机会。追根溯源,日军主要是因为过度自信,滋长了自满情绪,从而犯了错误。

第3章 太平洋战场的转折点

虽然日军仍在战列舰和巡洋舰上占优势,但失去四艘舰队型航空母舰及训练有素的舰载机部队人员,这些优势也就没有什么意义了。因为缺乏制空权,日本军舰只敢行驶到岸基飞机能掩护的海区,长期争夺瓜达尔卡纳尔岛的作战也失败了。1942年底,在新型"埃塞克斯"级舰队型航空母舰服役前,中途岛战役胜利给了美军一段宝贵的喘息时间。据此可以断言,中途岛战役是导致日本毁灭的转折点。

中途岛战役后的西南太平洋局势

尽管中途岛战役确实给日军在西南太平洋地区的进攻造成了严重阻碍,但还是没有让其停止进攻。虽然日军不能再用舰队推进,但还是兵分两路:一路在新几内亚,从陆路进攻大岛东部的巴布亚半岛;另一路则在所罗门群岛展开"跳岛战"。为了掩护接二连三的短距离跳岛作战,日军在一连串岛屿上修建了机场。

巴布亚和新几内亚

1941年12月,日本刚刚加入第二次世界大战时,澳大利亚已经投入作战的军队多半在北非与英国第八集团军并肩作战。一旦本土局势吃紧,澳大利亚军队就要被调回国。在与自己本土极近的新几内亚境内,澳大利亚只有在位于南海岸巴布亚首府莫尔兹比港驻扎的一支旅级规模的部队才能算得上"人数可观"。澳大利亚驻扎在新几内亚北部海岸的部队,就像在俾斯麦群岛和所罗

门群岛的守军一样,日军一逼近就撤退了。然而,一旦日军占领莫尔兹比港,其飞机就可以从这里起飞,直抵澳大利亚本土的昆士兰州。因此,澳大利亚有防守莫尔兹比港的必要,对日军施加给莫尔兹比港的威胁也十分敏感。

1942年3月初,从拉包尔出发的日军在靠近巴布亚半岛的新几内亚北海岸的莱城登陆。但我们在前面已经讲过,日军在5月无足轻重的珊瑚岛战役中撤回了原本用于进攻莫尔兹比港的远征军。同时,麦克阿瑟将军被任命为盟军在西南太平洋地区的总司令。经过6月初的中途岛战役,盟军在西南太平洋战场的地位,无论是直接还是间接,都因大部分澳大利亚军队已经回国,新的澳大利亚师组建起来,美国把两个师和八个航空大队部署在澳大利亚而变得更加安全。澳大利亚在巴布亚的兵力也增加到一个师以上——两个旅在莫尔兹比港、一个旅驻守位于巴布亚半岛东端的米尔恩湾。两个营的兵力正沿着科科达的一条小道往北推进至沿海城市布纳,并将在布纳建立一个为盟军沿新几内亚海岸往西发动两栖进攻提供掩护的空军基地。

但日军赶在澳大利亚人之前,于1942年7月21日派遣了约两千名士兵在布纳附近抢先一步登陆。这是从地面发动进攻并重新夺取莫尔兹比港的计划之一。澳大利亚人的计划落空了,原本正在消退的日军威胁显然已死灰复燃。7月29日,盟军震惊地发现,日军在几乎横跨半个巴布亚半岛后攻下了科科达。8月中旬,日军派出一支兵力已达一万三千多人的部队进攻,逼得澳大利亚军队沿着丛林小道节节后退。虽然巴布亚半岛宽度只有不到一百英里,但澳大利亚军队要跨过海拔八千五百英尺的欧文斯坦利山脉撤

第3章 太平洋战场的转折点

退。在地形条件如此复杂的地区运输补给是很困难的,对于进攻方更是难上加难。加之盟军发动空袭,日军遭遇的困难更是成倍增加。日军只走了一个月不到,就在距离目的地约三十英里的地方被迫停了下来。同时,一支规模一千两百人(后来增兵至两千人)的日军小部队于8月25日在米尔恩湾登陆,经过五天激烈战斗才到达盟军简易机场的边缘。随后,这支日军小部队又被盟军的反攻赶上了船。

1942年9月中旬,麦克阿瑟在巴布亚集结澳大利亚第六师和第七师主力及美军做好进攻准备的一个团,准备发动进攻。9月23日,盟军在西南太平洋战场的澳大利亚地面部队司令托马斯·布莱梅将军亲临莫尔兹比港督战。托马斯·布莱梅的部队杀出一条血路,先打回科科达,接着进攻布纳,在布纳遭遇日军的激烈抵抗。但增加空运规模多少减轻了补给运输的困难。日军在山顶的坦普尔顿岔路口附近一连修建了三个阵地,但在10月底就被澳军从最后一个阵地赶出去了。11月2日,澳大利亚军队重占科科达,重新开放了机场。日军撤退到库姆西河河畔,想再次抵抗。盟军靠空运筑桥材料在库姆西河修筑了一座桥,还把澳大利亚军队和美军空运到河的北岸,从侧翼威胁日军,最终攻破了日军防线。

然而,日军在布纳周围做的最后一次长期抵抗撑过了1942年12月,直到盟军从海空两路调来援兵,才在1943年1月21日消灭日军沿海抵抗的最后一个口袋阵地。日军在六个月的战斗中损失了一万两千多人。虽然盟军的战斗伤亡总共只有八千五百人,其中澳大利亚军队伤亡约五千七百人,美军伤亡约两千八百人,但因为热带的湿热天气及丛林疟疾蔓延造成生病的人数比战斗伤亡人

071

数还多三倍。不过，即便在如此可怕的丛林中，盟军的表现也证明了自己可以战胜日军。而盟军各种形式的空中力量则是作战中的一个决定胜负的有利条件。

瓜达尔卡纳尔岛

麦克阿瑟和切斯特·威廉·尼米兹自然想利用中途岛战役取得的胜利，在太平洋战场迅速将防守态势转为反攻态势，于是瓜达尔卡纳尔岛战役被提上了日程。这一战略随即得到两人在华盛顿的上司、海军上将恩斯特·金及陆军上将马歇尔的支持。不过，这个战略要和英国赞同的"先打败德国"的战略保持一致。所有人都认为只有在西南太平洋地区才可早日发起反攻，但在由谁来担任反攻指挥官一事上产生了分歧。既然日军在中太平洋对夏威夷群岛的压力已经减轻甚至消除，美国海军就急于在这种基本靠两栖作战进行的反攻中大显身手。海军上将恩斯特·金勉强同意"先解决德国，并为此在英国增派美军兵力"这一政策。英国拒绝在1942年就早早发起跨英吉利海峡的进攻，这导致陆军上将马歇尔转而主张把优先权给太平洋地区。恩斯特·金赞同这种转变，哪怕只是暂时改变一下也好，尽管罗斯福总统应该不会认可这种明确的政策转变。

然而，在已经同意于西南太平洋地区转守为攻后，美军内部又开始为"该由谁担任指挥官"一事发生激烈争论。到1942年6月底，各方已经吵得不可开交。最后，各方以马歇尔授意美国参谋长联席会议于1942年7月2日发布的指令为标志，达成妥协。美军

第3章 太平洋战场的转折点

的进攻将分三个阶段。第一阶段，占领圣克鲁斯群岛和东所罗门群岛，特别是图拉吉岛和瓜达尔卡纳尔岛。为了执行第一阶段进攻任务，各战区之间的边界发生变化。圣克鲁斯群岛和东所罗门群岛被划入切斯特·威廉·尼米兹的战区，因此第一阶段就由切斯特·威廉·尼米兹指挥。第二阶段，占领所罗门群岛全境及新几内亚岛直到休恩半岛的沿海地带，即刚刚越过莱城的位置。第三阶段，占领日军在太平洋的主要基地拉包尔和俾斯麦群岛的其他岛屿。由麦克阿瑟担任战区重新划分后第二阶段、第三阶段的美军指挥官。

麦克阿瑟对这个妥协方案并不满意。中途岛大捷后，他就主张在拉包尔发动一场大规模进攻，还自信地预言自己能迅速占领拉包尔和俾斯麦群岛的其他岛屿，把日军赶回七百英里外的加罗林群岛的特鲁克岛。但麦克阿瑟也被迫承认，自己弄不到必要的兵力——除了现有的三个步兵师，还要加上一个海军陆战师及两艘航空母舰。总之，三个阶段进攻的妥协方案得到了正式通过。不过，任何军事领导都没有意识到，进攻耗费的时间将如此之长。

就像在巴布亚一样，美军夺取东所罗门群岛的行动再次被日军抢了先。1942年7月5日，侦察机报告，日军已经从图拉吉岛调动一些部队到附近长九十英里、宽二十五英里的大岛——瓜达尔卡纳尔岛上，正在隆加泊地修建一个简易机场。这个机场后来被叫作"亨德森"机场。显然，如果日军轰炸机从瓜达尔卡纳尔岛起飞，将会给美军带来危险。因此，美军立刻重新调整战略，把瓜达尔卡纳尔岛列为首要目标。瓜达尔卡纳尔岛的地貌主要是树木繁茂的山岭，雨量极大，气候恶劣，不是一个适宜打仗的地方。

在切斯特·威廉·尼米兹手下负责全面作战指挥的是战区司令、海军中将罗伯特·戈姆利；而弗兰克·弗莱彻则担任战术指挥，兼职指挥以"企业"号航空母舰、"萨拉托加"号航空母舰和"黄蜂"号航空母舰为核心的航母战斗群。岸基空中支援则由从莫尔兹比港、昆士兰州和其他一些岛上的简易机场起飞的盟军军机提供。亚历山大·范德格里夫特少将指挥的由美国海军陆战队第一师及海军陆战队第二师的一个团计一万九千人组成的登陆部队，分乘十九艘运输船出发。接近瓜达尔卡纳尔岛时，舰队没有发现日军踪迹。1942年8月7日清晨，美国海空力量开始为进攻瓜达尔卡纳尔岛进行火力准备。8月7日9时，美军开始登陆。8月7日夜晚，已经有一万一千名海军陆战队士兵上岸。8月8日，美军占领了机场，发现机场已经快完工了。瓜达尔卡纳尔岛上的两千二百名日本人大多是建筑工人，多半已经逃进了丛林。图拉吉岛上的一千五百名日本守军抵抗还算顽强，直到8月9日夜才被登陆的六千名美国海军陆战队士兵击败并消灭。

　　日军随即发动反攻。讽刺的是，日军的反攻竟然比美军的进攻还快，因为日军根据一次次报告，相信美军已经登陆的部队只是其总数的一小部分。因此，日军并未停下来认真准备一次反攻，而是一次次派出小股部队还击，人数逐次增加，导致美军设想中的快攻和日军设想中的快速反击最后竟发展成了一次持久作战。

　　然而，日本海军的护航战舰力量相对强大，连续发动的进攻引发了一系列重大海战。首当其冲的、也是美军损失最大的一次，就是发生在瓜达尔卡纳尔岛西北海岸外的萨沃岛海战。1942年8月7日晚，驻拉包尔的日军中将三川军一集结了一支由五艘

第3章 太平洋战场的转折点

重巡洋舰和两艘轻巡洋舰组成的舰队开赴瓜达尔卡纳尔岛。8月8日，舰队神不知鬼不觉地穿过了所罗门群岛两列岛屿之间叫"狭槽"的狭长水域，并在傍晚靠近萨沃岛。此时，弗兰克·弗莱彻正好因为燃料和战斗机即将耗尽，命令航空母舰撤退。尽管盟军巡洋舰和驱逐舰舰队采取了夜间警戒措施，但美军相互配合的警戒不够理想。8月9日凌晨，三川军一的舰队对盟军南北两路的特混舰队发动了出其不意的轮流袭击，不到一小时又在穿越"狭槽"的返航途中打得美军重巡洋舰舰队全军覆没，其中四艘或被击沉，或正在下沉，另有一艘遭到重创，日军舰队则毫发无损。

日本海军善于夜战，常以其配备的优良光学仪器，特别是二十四英寸的"长矛"鱼雷在海战中获得很大好处。萨沃岛海战是美军在第二次世界大战的海战中遭遇的最大失败。幸运的是，对于盟军而言，三川军一没有完成自己"消灭停泊在隆加泊地毫无防备的大批运输舰和补给船"的任务。因为三川军一不知道盟军航空母舰已经撤退，觉得自己要是不迅速返回比较隐蔽的"狭槽"，很快就会遭到空袭。不仅如此，三川军一也不知道美军竟在瓜达尔卡纳尔岛投入了如此大规模的登陆兵力。评价一个指挥官的好坏，就是要看他在做决策时能掌握多少情报。

虽然给美国海军陆战队的粮食和弹药供应才卸到不到一半，但盟军海军残部为免再遭攻击，于1942年8月9日开始往南方撤退。美国海军陆战队官兵的伙食供应调整为一天两餐，在接下来的两个星期里都是孤军作战，直到8月20日一个中队的海军陆战队飞机进驻亨德森机场为止。但即便在这时，能为地面部队提供的空中掩护也极其有限。

日军之所以失去机会，主要是因为自己过分低估了在瓜达尔卡纳尔岛登陆的美国海军陆战队兵力——日军估计美军只有两千人，并认为一支六千人的部队就足以战胜美军，收复瓜达尔卡纳尔岛。日军派出两支前卫特遣队共一千五百人，分别乘坐几艘驱逐舰，于1942年8月18日在隆加泊地东西两面登陆。日军不等后续护航队开到立刻发起进攻，并被美国海军陆战队消灭。8月19日，后续的两千名日军士兵跟随护航队从拉包尔出发。虽然日军护航队规模不大，但得到了强大的海军掩护。和在中途岛作战时一样，日军希望以护航队为诱饵，引诱美军舰队落入圈套。日军领头的军舰是同样作为诱饵的轻型航空母舰"龙骧"号，后面跟着近藤信竹指挥的两艘战列舰和三艘巡洋舰，近藤信竹的后面是南云忠一指挥的两艘舰队型航空母舰"翔鹤"号和"瑞鹤"号。

日军的诱敌计划导致后来史称"东所罗门群岛战役"的爆发，但日军诱敌落入圈套的意图并未达成。因为罗伯特·戈姆利及时从一个由澳大利亚皇家海军情报官及当地种植园主组成的"海岸警卫队"那里获得了日军逼近的警报，把"企业"号、"萨拉托加"号和"黄蜂"号三个特混舰队的军舰都集中到了瓜达尔卡纳尔岛的东南方。1942年8月24日早晨，"龙骧"号航空母舰被发现。下午，"龙骧"号航空母舰被美军航空母舰的飞机击沉。"翔鹤"号航空母舰和"瑞鹤"号航空母舰也被发现。因此，日军飞机的到来也在美军的意料之中，美军的全部战斗机都升空迎战。日军损失惨重，八十架飞机被击落七十多架，美军只损失了十七架。美军只有"企业"号航空母舰遭受重创。经过这场无足轻重的战斗后，日军舰队于8月24日晚间撤退。美国舰队随后也撤退了。

第3章 太平洋战场的转折点

经过这场徒劳无益的海战后,日军与美军的海上交锋暂时偃旗息鼓,地面作战除外。弱小的日军地面部队几次试图接近亨德森机场,都被美国海军陆战队击退。这批日军"死战到底",几乎全军覆没。随后,被驱逐舰运来的一连串日军特遣队立即接替这批日军投入战斗。

美国海军陆战队开始把这种有规律性的、按时抵达的补充称之为"东京快车"。日军在瓜达尔卡纳尔岛的地面部队兵力因此逐步增加。1942年9月初,又有六千名日军官兵被送到瓜达尔卡纳尔岛上。9月13日夜间,日军开始猛攻美国海军陆战队阵地。后来,这个阵地被叫作"血岭"。日军损失了一千二百多人,屡次进攻都被美军击退。

然而,在此期间,战区附近的美国海军舰队遭到日军潜艇袭击,元气大伤——"萨拉托加"号航空母舰被重创,"黄蜂"号航空母舰被击沉。由于"企业"号航空母舰尚在维修,现在提供空中掩护的就只剩下一艘"大黄蜂"号航空母舰了。

日军多次试图重占瓜达尔卡纳尔岛并一再失败后,日军大本营于1942年9月18日发布一项新命令:将占领瓜达尔卡纳尔岛的优先级放在新几内亚战役之上。但日军还是过分低估了美国海军陆战队的兵力,认为美军最多只有七千五百人,因此认为派遣一个师团,再与海军联合舰队短暂配合一下就可以完成任务了。10月11日到10月12日,日军首批增援特遣队在海上的初步活动导致瓜达尔卡纳尔岛海岸外发生了又一场激战。在"埃斯佩兰斯角海战"中,日军的损失不严重,但这场海战提振了美军的士气,所以对美军比较有利。日军设法与美军进行海战的同时,把地面

部队的援兵送到了瓜达尔卡纳尔岛。于是，日军总兵力增至两万两千人。美军兵力不仅增至两万三千人，而且在图拉吉岛上另有四千五百人。

即便如此，1942年10月对美军而言仍是最危急的一段时期，特别是两艘日军战列舰用主炮把亨德森机场轰了个底朝天。日军的炮弹点燃了机场油库，令美军可用飞机数量从九十架减少至四十二架，还逼得美国陆军把重型轰炸机撤回新赫布里底群岛。日军反复轰炸美军是导致美军兵力紧张的重要原因，而天气湿热、饮食不足同样给美军造成了重大伤亡。10月24日，日军被暴雨和密林延误后发起地面进攻。日军从南面大举进攻，但美国海军陆战队的防御阵地部署得当，重炮也运用自如。日军被打退，损失上千人，而美军只损失几百人。10月26日，日军被迫撤下大约两千具尸体后便撤退了。

同时，山本五十六指挥联合舰队调动两艘舰队型航空母舰、两艘轻型航空母舰、四艘战列舰、十四艘巡洋舰和四十四艘驱逐舰赶来，巡弋于所罗门群岛东北方向的海域，等待陆军占领亨德森机场的消息传来。美国海军尽管新到了"南达科他"号战列舰和几艘巡洋舰，但整体实力还不到日军的一半，战列舰方面更是处于一比四的劣势。不过，"大黄蜂"号航空母舰得到了已经修复的"企业"号航空母舰的支援，这是在现代海军作战中比较重要的因素。美军任命小威廉·哈尔西替代过度疲劳的罗伯特·戈姆利，同样带来了新的活力。1942年10月26日发生的"圣克鲁斯群岛战役"中，空中行动再次起到了决定性作用。"大黄蜂"号航空母舰于10月27日美军与日军撤离战场前被击沉，"企业"号

第3章 太平洋战场的转折点

航空母舰中弹受损。日军"翔鹤"号航空母舰和"瑞凤"号轻型航空母舰遭到重创。不过,日军飞机蒙受的损失要严重得多——多达七十架飞机没有返航。在以圣克鲁斯战役为高潮的十天战斗里,日军更是损失了两百架飞机,这还不算日军在8月底损失的三百架飞机。而美军很快得到了两百架飞机的补充,还得到了美国海军陆战队第二师余部及"亚美利加尔"师[①]一部的增援。

然而,日军还是得到了多得足以再次发起进攻的兵力——既是为了维护尊严,也是因为屡次收到"给美军造成了很大破坏"这种盲目乐观的报告,并被这种报告给蒙骗了。日军屡次进攻,导致两次所谓的"瓜达尔卡纳尔岛海战"的发生。第一次瓜达尔卡纳尔岛海战发生在1942年11月13日凌晨,虽然持续时间不过半小时,但日军还是击沉了美军两艘巡洋舰,而日军战列舰"比叡"号也遭到重创,不得不在11月14日自行凿沉。"比叡"号战列舰是日军在第二次世界大战中损失的第一艘战列舰。

第二次瓜达尔卡纳尔岛海战发生在1942年11月14日夜间,情况与第一次时相反。当时,日军试图让不屈不挠的海军少将田中赖三指挥一艘大型驱逐舰护卫运载一万一千名日军援兵的船队,并由近藤信竹的大型军舰掩护。七艘运输船在接近瓜达尔卡纳尔岛的途中被击沉,另外四艘运输船虽然到达,却在早晨被飞机炸毁,成功登陆的仅有四千名日军士兵和仅够应急的补给。

---

① 战后给出的正式番号是第二十三步兵师。不过,这个师是在法属新喀里多尼亚组建的,才得名"Americal"(亚美利加尔)。"Ameri-"为前缀,代表"美国","Caledonia"则取"-cal"作为"喀里多尼亚",二者叠加,意思是"美国在喀里多尼亚组建的师"。越南战争时,"亚美利加尔"师再次重建,并制造了美莱村屠杀惨案。——译者注

与之同时进行的海战中,美军驱逐舰损失惨重,近藤信竹仅剩的战列舰"雾岛"号受损严重。1942年11月15日午夜,美军"华盛顿"号战列舰的主炮在火控雷达的指引下从八千四百码外朝"雾岛"号战列舰开火①,给"雾岛"号战列舰造成了毁灭性破坏。"雾岛"号七分钟内就失去了战斗力,不久自沉。

同时,美国海军陆战队和其他部队在地面作战方面,因为在物资供应上占据优势,已成功转守为攻,并逐步扩大防线。到1942年11月底,美军在瓜达尔卡纳尔岛上的飞机数量已上升到一百八十八架,而日军再也不敢用航速缓慢的护航队运送援军和补给了。12月,日军就只能用潜艇逐次运送少量援军和给养了。

日本海军付出了极其惨重的损失,海军主官都极力主张放弃瓜达尔卡纳尔岛,但陆军主官已经在拉包尔集结了五万官兵,仍希望继续增援瓜达尔卡纳尔岛上的两万五千名日军官兵。截至1943年1月7日,美军在瓜达尔卡纳尔岛上集结起来的兵力已超过五万人,给养也很充足,而日军的口粮已经减少到正常时的三分之一。虽然日军还在坚守,但因饥饿和疟疾,其官兵已经虚弱得无力再进攻了。

因此,1943年1月4日,日军大本营纵使极不情愿,也只能面对现实,下令瓜达尔卡纳尔岛守军逐步撤退。美军不知道日军在撤退,仍小心翼翼往前推进。所以日军得以在2月1日到7日夜间以仅损失一艘驱逐舰的代价,分三批撤出了所有部队。

---

① 这是日军第一艘在炮战中被击沉的战列舰("比叡"号战列舰是被美军飞机空袭重创的)。——译者注

第 3 章 太平洋战场的转折点

从整体上看，日军在对瓜达尔卡纳尔岛的长期争夺战中输得很惨。日军付出大约两万五千人伤亡的代价——其中九千人是因疾病和饥饿而死，而美军的损失小很多。更糟的是，日军损失了六百多架飞机和一些训练有素的飞行员，而美军的各种力量正持续增长，因为其人员培训、工业生产已步入正轨。

1942年5月至1943年5月反攻缅甸失败

截至1942年5月，英军已经完全撤出了缅甸，并退入了印度境内。日军达成了预定计划中在东南亚扩张的极限，于是转攻为守，并设法巩固现有战果。同时，英军已经在制订11月下一个旱季到来时重返缅甸的计划了。但因为后勤困难，计划是行不通的。即便是在阿拉干展开的非常有限的攻势，同样一败涂地。

英军从没把阿萨姆邦和孟加拉邦这两个在后勤方面很重要的地区视为军事基地。英军需要建造机场、仓库、公路、铁路和输油管线，并扩充港口，重新调整整个地区。

印度司令部面临的第一个严重困难就是缺少运输船，其所需物资大都要靠从海外运来。但其他战区享有比印度更高的优先级，运输船在供给大西洋护航队、北极护航队、地中海战区及太平洋战区后，留给印度的运输船就很少了——即便在印度受到日军进攻威胁后也是如此。印度分配到的船舶总数大约只有将印度建设为进攻跳板所需数量的三分之一。

印度内部的运输也是一个大问题。印度东北的公路、铁路系统既陈旧又混乱，只有经过大规模改进，才能把运到加尔各答和

其他各港口的物资送到前线。然而,眼下各种物资短缺,工程展开受到了影响;季风带来的大量降水引起塌方、冲毁桥梁,也起到了阻碍作用。日军的空袭同样造成了麻烦,但更严重的障碍是劳工风波及政局动荡。特别在1942年夏末理查德·克里普斯爵士代表团赴印度谈判失败,印度国大党号召"非暴力不合作运动"后,印度骚乱频发、危机四伏。这些既是亲日分子煽动的,也是不断恶化的经济状况导致的。最大的困难是缺乏火车机车——阿奇博尔德·韦维尔爵士要求至少需要一百八十五台,实际上只得到了四台。

因已做出把印度建设成一个能容纳三十四个师及一百个空军中队的基地的决定,英军面临的后勤问题更加突出了。英军建了二百二十个机场,雇用了一百多万人,可用于其他工程(筑路是最重要的)的劳动力大大减少。又因要供养四十万缅甸难民,供应问题就更加突出了。

虽然印度司令部已经有不少兵力,但大部分部队都是战时在印度扩充陆军时临时新编的,不仅装备和训练不足,还缺少有经验的军官与士官。少数有经验的军官和士官不是在缅甸战役中战死,就是在忍受疟疾的折磨。英军在先前的撤退中已经丢弃了大部分装备,名义上有十五个师,但适合在不久的将来投入作战的师只有三个。

因英军在指挥上,特别是与撤退到印度的中国远征军、美国陆军航空队第十航空军和暴脾气的史迪威将军关系紧张,行政问题更加突出。

还有一个重要因素,那就是盟军需要利用空中优势保护印

第 3 章 太平洋战场的转折点

度,以确保补给物资能源源不断地送到中国,并为收复缅甸提供必要空中掩护。幸亏日军在1942年5月雨季到来时将大批飞机都调去支援西南太平洋作战,并给剩下的飞机一段休整时期,盟军这才得以在相对和平的环境下集结空军力量。1942年9月,印度已有英国和印度空军中队三十一个,其中有六个不宜作战,九个要守卫锡兰,五个要执行运输和侦察任务,剩下的七个战斗机中队和四个轰炸机中队则在印度东北部作战。不过,英国与美国送来的飞机数量正不断增加,到1943年2月时就会有五十二个中队了。另外,新式的"米切尔"式轰炸机、"飓风"式战斗机、"解放者"式轰炸机及"漂亮战士"式重型战斗机也在不断取代旧款飞机。日军在珊瑚海、中途岛两次海战后已经不太可能从海上入侵印度。这些新式飞机大都能直接飞到位于阿萨姆邦和孟加拉邦的新机场。

1942年4月,阿奇博尔德·韦维尔爵士改组印度司令部。设在阿格拉的中央司令部总部负责训练和给养,而印度西北部、南部和东部的陆军司令部则负责指挥作战。

英军收复缅甸需要同当时在印度阿萨姆邦的中国军队和中国云南省的中国军队合作。1942年10月,中国计划从云南调动十五个师和阿萨姆邦的三个师,同大约十个英国师或印度师一起进攻缅甸。在中国方面的计划中,阿萨姆邦的英印军队的任务不仅要进攻缅北,还要从海上进攻仰光。阿奇博尔德·韦维尔爵士原则上同意中国方面的计划,但对能否获得自己认为十分必要的两个条件表示怀疑:一是要有强大到足以获得缅甸制空权的空军部队,二是要有一支由几艘航空母舰组成、控制印度洋并为进攻仰

光提供掩护的强大舰队。由于英国海军要在其他地方投入战斗，第二个要求实际上是办不到的。蒋介石把这些必要条件看作阿奇博尔德·韦维尔爵士在开脱和英国不打算认真努力的征兆，一怒之下便不再参加1942年底进攻缅甸的军事行动了。

1942年12月至1943年5月：阿拉干攻势

阿奇博尔德·韦维尔爵士还是决定发动一次有限的攻势：沿着梅宇半岛推进一百英里，收复阿拉干沿海地区；同时对靠近梅宇半岛尽头的阿恰布发动一次海上进攻，以收复那些可以令日军飞机轰炸到印度东北地区大部的机场。如果盟军的空军基地可以在阿恰布岛的机场重新立足，就能掩护缅甸的北部和中部。但这个计划的关键部分因缺乏登陆艇而作罢。

即便如此，阿奇博尔德·韦维尔爵士坚持与其什么都不干，不如从陆上率军向阿拉干挺近。印度第十四师从1942年12月开始前进，但进展缓慢。这样一来，日军第十五军军长饭田祥二郎便获得了及时调遣援兵的时间，于1943年1月底挡住了英军前进的步伐，又于2月调来了更多援军。然而，阿奇博尔德·韦维尔爵士还是坚持必须继续进攻。东路军司令诺埃尔·欧文和他争论过，甚至提出抗议并警告说部队已不堪疟疾之苦，元气大伤，士气低迷。于是，日军得以从后方进攻印度第十四师，并在3月18日到达梅宇河河畔的蒂兹维，直接威胁英军侧翼，迫使英军撤退。随后，日军跨过梅宇河继续反击，并于4月初抵达因丁海岸。接下来，日军继续向北推进，目的是在1942年5月雨季到来前占领孟都

第3章 太平洋战场的转折点

到布迪当防线,打乱英军在下一个旱季——1943年11月到1944年5月——重新攻入缅甸的计划。

1943年4月14日,英属印度第十五军的威廉·斯利姆中将接任阿拉干地区司令。威廉·斯利姆万万没想到,英军因遭受疟疾的折磨,再加上正面进攻日军阵地损失惨重,身心都已经被严重摧残。威廉·斯利姆一方面希望守住位于大海和梅宇河之间孟都到布迪当的防线,另一方面打算在必要时北退五十英里,在刚跨过边境的地方守住一条自科克斯巴扎尔起的内陆防线。科克斯巴扎尔一带地势较开阔,英军在这里使用重炮和坦克会比在梅宇半岛的丛林沼泽地带更加灵活。同时,守卫这里将会使日军在沿海地带的交通线被拉得更长,因此令日军更易遭到攻击。

但威廉·斯利姆的两个计划都没实现。1943年5月6日,日军在天黑后迫使英军放弃布迪当。失去布迪当造成的侧翼威胁又迫使英军放弃了沿海的孟都。此时雨季已到,日军决定留在新占领的防线上。总而言之,英军在没有海上支援的情况下试图以陆上进攻的方式收复阿恰布及其机场的行动最后以惨败结束。日军在侧翼包抄和丛林渗透中体现出优势,而英军则因正面进攻损失惨重,另外还犯了忽视间接路线的错误。1943年5月,英军已经退守至1942年秋季的防线了。

奥德·温盖特和"钦迪队"

在缅甸战区北部乌云密布的战争阶段中仅有的一线亮光,便来自第一次"钦迪队"作战。"钦迪"这个名字的首创者是奥

德·温盖特,其源自缅甸宝塔上常见的、缅甸神话中的半狮半鹰怪兽"钦特"像。奥德·温盖特一看,突发奇想,认为鹰首狮身的"钦特"像正象征着部队在战斗中需要密切的地空合作。最初的几次地空协同作战是跨越钦敦江流域进行的,这对大家记住"钦迪队"这个名字也有帮助。

1938年秋,奥德·温盖特还是一个从巴勒斯坦回国休假的上尉。奥德·温盖特当时见到了很多有影响力的人,给那些人留下了深刻的印象——就如同1938年春末,他给时任巴勒斯坦司令的阿奇博尔德·韦维尔爵士和负责巴勒斯坦北部地区的约翰·埃维茨准将留下的印象一样。①但在12月回到巴勒斯坦时,奥德·温盖特发现自己在犹太复国主义集团中的政治活动,已经使自己被英国官方怀疑,以致阿奇博尔德·韦维尔的继任者、原来赞成"特种夜袭队"组织的罗伯特·海宁将军免去奥德·温盖特的"特种夜袭队"领导职务,把奥德·温盖特留在司令部干一个不会惹是生非的工作。后来,奥德·温盖特于1938年5月在罗伯特·海宁的要求下奉调回国,担任防空司令部里的一个小参谋。

不过,1940年秋,奥德·温盖特时来运转,被派往埃塞俄比亚组织反对意大利控制东非的游击战。这个任命是由当时已经进入内阁的利奥·艾默里建议的。阿奇博尔德·韦维尔爵士当即同意,任命就这么定了下来。1941年5月东非战局以胜利告终时,奥德·温盖特又交了厄运,情绪低落,在一次疟疾病发时曾试图自

---

① 奥德·温盖特几次来看我,和我讨论"SNS"(Special Night Squads,即"特种夜袭队")的训练事宜。——原注

第3章 太平洋战场的转折点

杀。不过，回国疗养时，奥德·温盖特获得了另一个机会。当时英军刚刚在远东遭受惨败。这次机会又是阿奇博尔德·韦维尔爵士送上的。1941年，在中东的夏季攻势失败后，阿奇博尔德·韦维尔爵士于6月被解除中东司令的职务，并被派往印度。1941年底，日军相继入侵马来亚和缅甸，阿奇博尔德·韦维尔爵士面临更大的危机。1942年2月，他在连缅甸的战局都变得前景黯淡时要求把奥德·温盖特派给自己，以便在缅甸搞游击战。

奥德·温盖特一到缅甸，就极力主张创建一支叫"远程渗透队"的部队。练成之后，就在缅甸丛林中活动，攻击日军的交通线和前沿哨所。奥德·温盖特主张"远程渗透队"要大得足以重创敌人，又要小得足以避开敌人——他认为一个旅的规模是最合适的，于是就改编印度第七十七旅为"钦迪队"。"钦迪队"队员必须比日军更擅长打丛林战，因此队里要有丛林战专家，特别是搞爆破和无线电通信的专家。因为补给全靠空投，所以必须发展地空协同。每个"钦迪队"纵队都要和皇家空军的一支小部队有联系，而纵队本身的载具则是驮畜。

为了显示"钦迪队"有能力打败日军并借此恢复英军士气，也为了检测"远程渗透队"的作用，奥德·温盖特力求早日行动。本来阿奇博尔德·韦维尔爵士想在英军总攻发起之前和之中动用"钦迪队"，但后来还是决定接受奥德·温盖特"因能获取经验和情报，所以值得提前冒险行动"的理由，下令开展行动。

"钦迪队"全旅共有七个纵队，为了作战计划的执行又被分为两个集群——北方集群有五个纵队共计两千二百人及八百五十匹骡子；南方集群有两个纵队共计一千人和二百五十匹骡子。

1943年2月14日晚上,"钦迪队"的两个集群在正规军牵制行动的协助下度过了钦敦江,在东进过程中按原定计划分成各路纵队,开展一系列袭击行动,包括攻打日军前沿哨所、切断铁路线、炸毁桥梁和在公路上打伏击等。3月中旬,英军纵队渡过位于钦敦江以东一百英里的伊洛瓦底江。但日军此时已经认识到了"钦迪队"是个威胁,从驻扎在缅甸的五个师团中抽调两个师团的大部分兵力还击。"钦迪队"面对反击压力和其他困难,被迫后撤,于1943年年中返回印度,在损失三分之一兵力的同时还丢掉了大批装备。

"钦迪队"作战的战略作用很小,给日军造成的伤亡也不大,但体现了英军和印军是可以在丛林中作战的,也为空投补给及必须保证空中优势这两点提供了宝贵经验。

"钦迪队"作战同样使日本陆军第十五军军长牟田口廉也中将认识到,钦敦江并非一条可靠的屏障。日军如要抢先一步阻击英军,必须继续往前推进。这就导致日军在1944年主动跨过印度边境,打响了重要的因帕尔战役。

未来展望

迫于后勤困难,兵源匮乏,英国原定于1942年到1943年的旱季展开的重要攻势取消。1943年1月的卡萨布兰卡会议上,为1943年到1944年的旱季决定的主要作战计划叫"阿纳金行动":先由英军和中国军队在北面发动攻势,接着在占领沿海据点后从海上进攻仰光。"阿纳金行动"的目标决定了盟军除了要解决后勤和

第 3 章　太平洋战场的转折点

陆上运输问题，还要取得空中优势，并集结起一支配备足够数量的登陆载具的强大海军。

显然，满足这一切需要困难重重。于是，1943年春季，阿奇博尔德·韦维尔爵士打算撤离缅甸，并希望攻打苏门答腊，通过间接手段打败日军。4月，阿奇博尔德·韦维尔爵士在到伦敦与丘吉尔和英国参谋长委员会会谈时使他们相信"阿纳金行动"必须延迟或放弃，并以在苏门答腊的"重炮行动"取而代之。这一间接行动的提议虽然引起了丘吉尔的注意，却也因与放弃"阿纳金行动"同样的原因和美国把尽快重开中国运输线作为头等大事的坚持而放弃。因此，虽然当时仍在制订对南亚的军事计划，但实际行动都是暂缓执行的。如果盟军要采取行动，就只有从缅北下手了。

第 4 章 日军在太平洋战场败退
The Japanese Ebb in the Pacific

第4章　日军在太平洋战场败退

在太平洋战争第一阶段的厮杀里，日本征服了整个西太平洋和连同所有岛屿在内的西南太平洋，以及东南亚和与之毗邻的国家。在第二阶段中，日本试图将自己的控制范围扩展到英美在夏威夷群岛及澳大利亚控制的基地，但输掉了在中途岛和通往澳大利亚的通道上的瓜达尔卡纳尔岛、所罗门群岛的决定性海空大战。

日本在太平洋战争的第三阶段改为守势，如同日军在西南太平洋的指挥官接到的命令中所强调的，"守住在所罗门群岛与几内亚的所有阵地"就可以了。只有在缅甸，日军才对西方盟国继续采取攻势，但这实际上是为了阻止并挫败英国从印度发起反攻的防守招数。在中途岛，日本损失了四艘航空母舰，在瓜达尔卡纳尔岛损失了两艘战列舰和很多小型舰船，又在这些关键性战役中损失了几百架飞机，已经不可能再有什么作为了。可以说，在太平洋战场，西线盟军已重占优势。但问题的关键在于，盟军能够发挥这些优势吗？盟军该怎么发挥这些优势呢？

因日本的地理位置和战略上的有利条件，日军进攻计划的制订和执行获益匪浅。日军无论是攻是守，都具备这种进攻的有利条件，其计划也就是对这些有利条件的利用。日军执行这种计划

的结果,就是可以利用一连串的同心圆组成的防御环节去掩护日本本土。这成了对西方盟国而言试图以任何方式反击日本的极大阻碍。

参看地图就能看出,英国要反攻日本有很多可选的进攻路线。然而,经过仔细分析就会发现,真正能用的路线其实很少。如果从地图最北端开始往南看,由于缺少合适的基地、沿途常有风暴和迷雾,北太平洋的进攻路线被排除在外;从苏联在远东搞反击也不行,因为苏联西部还在德军进攻的强大压力之下,斯大林是不会愿意合作并参与一场对日本的战争的;从中国发动反攻也不可能,因为当时中国物资供应困难。从更边缘的缅甸搞反攻也不行,因为英军被远远地赶回印度边界后,要想早日反击成功,明显资源不足。

因此,我们很快就能搞清楚一点,要想发动有效反攻,就必须指望美军,并且美军还要选择一条合适的进攻路线。美军有两条反攻的路线可供选择:要么沿西南太平洋,从新几内亚推进到菲律宾群岛;要么走中太平洋。美军西南太平洋战区总司令麦克阿瑟当然赞成并大力主张沿西南太平洋路线收复失地,认为西南太平洋路线是剥夺日本通过新近占领的南方地盘获取必要战争资源的最快捷路线。在麦克阿瑟看来,美军如果走中太平洋路线,则容易暴露,被驻扎在日本占领的一连串托管岛屿上的日军攻击,并且日军已经在这些岛屿上修建了海空基地。此外,如果走中太平洋路线,就无法解除澳大利亚的焦虑情绪。

然而,美国海军的参谋更倾向于采用中太平洋路线。他们认为海军在中太平洋的海面比在更加狭窄的新几内亚海面能更好

第4章 日军在太平洋战场败退

地运用体型庞大、服役数量越来越多的快速航空母舰，更好地践行海军利用航空母舰特混舰队孤立、控制一群岛屿的新作战理念。中太平洋路线也更适合美国海军的海上补给系统，这样就不必常常将航空母舰派回港口进行补给了。美国海军还争论说，采用中太平洋路线，能避免冒可能遭西南太平洋路线上占领岛屿的日军发动侧面进攻的风险。此外，走西南太平洋路线的用意更加明显，也更容易被日军猜到，进而会引起日军更加顽强、持久的抵抗。此外，美国海军将领还有一个更强有力的，也可说是为自己考虑的原因：美国海军将领想借走中太平洋路线反攻，让自己的新式航空母舰主力远离有独霸这些航空母舰倾向的麦克阿瑟的"魔爪"。

最终，1943年5月于华盛顿召开的"三叉戟会议"决定了在太平洋地区采取"双叉冲击"的决议，即沿两条路线进军，让日军陷入一种"不确定"的状态，进而分散日军兵力，防止日军预备队集中或从一条进军路线转移到另一条进军路线。美军的两条进攻路线最终将在菲律宾汇合。从间接逼近的战略看，做出"双叉冲击"的决定大有好处，因为这起到了同时威胁两条路线的作用。但这个复合、折中的决定没有充分考虑这么一个事实和历史教训——单线进军能比"双叉冲击"更容易、更经济地让敌人陷入"双叉冲击"制造的那种困境。因为日军是急于同时保卫两条路线的，但对美军而言只走一条线就行了。

"双叉冲击"最终将要在登陆部队、作战舰艇、登陆艇、海军基地及机场等方面做规模更大、时间更长的准备，这也就给了日军更多准备防御的时间，让美军完成任务的难度，特别是在地

面作战及登陆战两大方面的难度更大。

在为"双叉冲击"做准备的长时间休战期间，美军唯一较重要的作战行动就是发动意在夺回北太平洋的阿留申群岛的远征。这次行动从战略上讲，意义不大，不足以对战争进程产生什么重大影响。夺回阿留申群岛本身是不具备补充性或者牵制性意义的次要战斗，唯一的价值就是让美国公众得到些许心理安慰。因为1942年6月，小股日军登陆部队占领基斯卡岛和阿图岛，并且对阿拉斯加的安全构成显著威胁，这让美国公众大为震惊。但为了这一剂精神补药，美国在人力物力尚且有限的情况下却付出了昂贵、不划算的代价。

作为对日本占领基斯卡岛和阿图岛的早期反应，美国海军在1942年8月初炮击了基斯卡岛，然后于1942年8月底在临近的埃达克岛登陆，并且在埃达克岛上修建了一个用来攻击日占岛屿的机场。1943年1月，出于同一目的，美军收复了位于基斯卡岛以东的阿姆奇特卡岛。然而，当时当地的美军指挥官发现位于阿留申群岛最西边的阿图岛的守备力量比基斯卡岛更弱，于是决定先进攻阿图岛。不过，在3月底，美国海军的封锁部队遭遇了一支力量更强大的、正护送着三艘运兵船的日军舰队。日军在与美军打了三小时的远距离海战后撤退，双方都没有舰船被击沉。日军的运输船没能成功增援，调头开走了。

1943年5月11日，在海雾和三艘战列舰炮火的掩护下，美军一个师在阿图岛登陆了。经过两个星期的鏖战，美军以四比一的兵力优势，逐渐把大约两千五百名日本守军逼退至阿图岛上的群山之中。日军宁死不降，朝美军阵地发动了一次自杀式冲锋——

第4章 日军在太平洋战场败退

除二十六人被俘外，其余日军都被美军消灭。现在，美军可以集中兵力攻打基斯卡岛了。美军以海空两路对这个孤立岛屿持续施压，迫使日军于7月15日夜晚在常有的浓雾掩护下，将岛上约五千名守军撤走了。接下来的两个半星期，美军继续轰炸基斯卡岛，并派遣了一支约三万四千人的部队登陆。美军官兵在基斯卡岛上搜索了五天才确定岛上已经没有日军的踪迹了。

美军总共动用了十万大军，还提供了强大的海空掩护，总算肃清了小小的阿留申群岛——这是盟军浪费兵力的典型教材，也是轴心国方面的一个付出少许代价发动牵制性主动进攻并起到扰乱盟军作用的"积极"例子。

直到1943年夏，西南太平洋战场的僵局都没被打破。对美国及其盟友而言，幸运的是，日本海军和陆军主官之间存在的严重分歧导致日军先发制人击败盟军的作战受阻。虽然日本海陆两军的作战用意都是要守住日本占领的所有地区，但在"怎么做"这一问题上，日本海陆两军的分歧很大。日本陆军主官更倾向于在新几内亚进行陆战，认为新几内亚是保障日本陆军占领的荷属东印度、菲律宾等地安全不可或缺的前进阵地；海军主官则希望优先坚守所罗门群岛和俾斯麦群岛，他们认为这可以作为北边一千英里处加罗林群岛中巨大的特鲁克海军基地的战略掩护。但在战略问题的决策上，占上风的通常是陆军。

最终，日本海军与日本陆军达成一致，防线从瓜达尔卡纳尔岛以西所罗门群岛的新乔治亚群岛和圣伊莎贝尔岛到位于巴布亚半岛以西的新几内亚的莱城。日本海军将负责所罗门群岛，日本陆军将负责新几内亚。

日本陆军设在拉包尔的司令部负责所罗门群岛上的日本第十七军和新几内亚岛上的日本第十八军的作战活动——其中第七飞行师团配属于第十七军,第六飞行师团则配属于第十八军。日本海军舰队则由第八舰队和第十一航空舰队组成,由设在拉包尔的海军司令部控制。拉包尔的日军舰队实力不强,只有驱逐舰和巡洋舰,但可以得到位于特鲁克岛的大型军舰支援。

战场上的陆军部队规模更大——位于新几内亚的第十八军由三个师团共五万五千人组成;位于所罗门群岛和俾斯麦群岛的第十七军则由两个师团、一个旅团及其他部队组成。尽管日军航空力量在争夺瓜达尔卡纳尔岛的鏖战中严重受创,但日本陆军航空队仍有一百七十架飞机,日本海军航空队仍有二百四十架飞机,预计在六个月内还会得到十至十五个飞行师团的八百五十架飞机的支持。这让人有理由相信,日军完全有能力执行一种防御或者"抑制"性的战略。

因早先做出了将战区划分为中太平洋和西南太平洋并使所罗门群岛位于战区划分的边界线上,美军的计划变得复杂了。为了让计划更具执行性,联合参谋部委任麦克阿瑟主要负责整个新几内亚岛的战略指挥工作——所罗门群岛也包括在内;美军南太平洋地区司令、海军上将小威廉·哈尔西负责战区部队的战术控制;而以珍珠港为基地在新几内亚作战的美国海军部队,则仍归太平洋战区司令切斯特·威廉·尼米兹指挥。

美军的战略目标就是打破日军设在俾斯麦群岛的防线,占领设在拉包尔的日本主要基地。美军将通过"多路进攻使日军忙个不停"的策略达成这一目标——首先,小威廉·哈尔西的部队

将夺取瓜达尔卡纳尔岛以西的拉塞尔群岛,并将拉塞尔群岛作为海空军基地;其次,美军将占领新几内亚以东的特罗布里恩群岛的两座岛屿,并将其作为对拉包尔发动攻击的空军基地,亦作为美军空中力量转战两条战线的支点。小威廉·哈尔西则会在作战的第二阶段前进至瓜达尔卡纳尔岛以西的新乔治亚群岛,占领位于蒙达的重要机场;而麦克阿瑟则占领了位于新几内亚北海岸的莱城作为立足点。当时,美军希望小威廉·哈尔西能清剿所罗门群岛以西的布干维尔岛上的日军。在作战第三阶段,麦克阿瑟的部队将向北渡过海峡,抵达拉包尔所在的、位于俾斯麦群岛北端的庞大的新不列颠岛。接着,在第四阶段,盟军将对拉包尔发动进攻。即便从军事计划的制订角度来看,盟军进攻的节奏也很缓慢——预计在战役开始后的八个月内进攻拉包尔。

在西南太平洋战区,麦克阿瑟拥有七个师(其中三个是澳大利亚师)和一千架飞机(其中四分之一是澳大利亚飞机),未来还会得到两个美国师及八个正在训练的澳大利亚师的帮助。小威廉·哈尔西则有七个师(其中两个是海军陆战队的师,一个是新西兰师)和一千八百架飞机(其中七百架是美国飞机)。

当时,美军每次进攻都要先组成一支两栖部队,再从切斯特·威廉·尼米兹在珍珠港的庞大海军部队中暂时借调出大批舰队,这就导致美国海军的力量时增时减。而从一开始,小威廉·哈尔西就拥有六艘战列舰、两艘航空母舰及很多小型舰艇,即便舰艇的数量还是没有麦克阿瑟希望的那么多(麦克阿瑟希望有二十二个师和四十五个空中集群),也算是一支很强大的力量。

作战初期,或者说"僵持"阶段,1943年2月21日,小威廉·哈尔西的部队在拉塞尔群岛登陆，却发现预想中的日军防线其实并不存在。此外，美军挡住了日军对"狭槽"发起的攻击。在新几内亚，日军对休恩湾的瓦乌机场发起的攻击也被在当地空降的一个澳大利亚旅击败。当日军往瓦乌机场派出一个师团的部分部队作为增援时，盟军航空部队在新几内亚又抓住了一支由八艘驱逐舰和八艘运输船组成的护航队，于是日军损失了所有的运输船，外加四艘驱逐舰和三万六千多名官兵，这占到运输船上士兵总数的一半。在经历过灾难性的"俾斯麦海海战"后，日军就只能通过潜艇或驳船冒险为新几内亚岛上的日军增派援军了。

山本五十六试图通过将第三舰队的航空母舰从特鲁克岛派遣到拉包尔，对美国空军基地频繁发动作战，拖垮盟军空中力量，从而扭转日本的空中劣势。但事实上，对盟军这一在1943年4月1日开始的不祥骚扰行动，让日军在两个星期内付出了两倍于美国守军的航空力量——这与日军飞行员提交的乐观报告正相反。接着，由于美国情报机关事先截获了消息，山本五十六在飞往布干维尔岛视察的途中被美军飞机击落身亡[①]，其联合舰队司令的位置被古贺峰一接替。然而，古贺峰一毕竟不像山本五十六那样有本事。

1943年6月30日，美军筹划已久的进攻终于以三路进攻的方式拉开序幕。沃尔特·克鲁格中将指挥的美国陆军将在特罗布里恩群岛的基里怀纳岛和伍德拉克岛（或木鲁瓦岛）登陆；埃德蒙·赫林

---

① 1943年4月18日，美军发动"复仇行动"，以掩护机队吸引开山本五十六及随行官员座机的护航战机，然后以六架战斗机组成的狙击机队向山本五十六乘坐的飞机开火，将其击落。山本五十六被打死。此次事件被称为"海军甲事件"。日本官方一直拖到1943年5月21日才公布山本五十六的死讯。——译者注

第4章 日军在太平洋战场败退

将军指挥的新几内亚部队（以澳大利亚军队为主）将在休恩湾的萨拉马瓦登陆；小威廉·哈尔西将军的部队将在新乔治亚群岛登陆。

在特罗布里恩群岛，美军没有遇到抵抗，轻松地完成了登陆，并立刻准备建造机场。新一轮向新几内亚的进军开局顺利。在澳大利亚军队的支援下，美军发动的登陆行动没有遭遇激烈抵抗，但直到1943年8月中旬，大约六千人的日军才被逼退到萨拉马瓦外围。当地的美军先头部队被告知要先停下，等待美军在休恩半岛的主要登陆开始。这是为了对主要目标——莱城发动进攻。然而，小威廉·哈尔西对新乔治亚群岛发动的"第三叉"进攻十分困难。

新乔治亚岛这个大岛上驻扎着约一万名日军。因为当地多山的地形和潮湿的气候，新乔治亚岛的防御简直坚不可摧。因为日军大本营下达了"尽量久守"的命令，同时新乔治亚岛的东北海岸的珊瑚礁和西方、南方的岛屿带，都令美军的进攻难度倍增。

美军计划分三路登陆：主要的登陆行动以师级规模在伦多瓦岛西海岸进行。美军计划渡过宽五英里的海峡，在蒙达的重要机场附近登陆。一旦完成，另一支规模较小的部队就要在距离蒙达十英里的新乔治亚岛北岸登陆，切断日军的海上增援路线；在南岸的三处地点还将实施辅助性登陆。美国海军掩护部队由五艘航空母舰、三艘战列舰、九艘巡洋舰、二十九艘驱逐舰组成，另外有约五百三十架飞机。

根据"海岸警卫队"的报告，日军正往新乔治亚岛的南部移动，这让小威廉·哈尔西原定在1943年6月30日展开的初期登陆提早到了6月21日，并且在登陆时没有遭遇抵抗。6月30日，美军在

101

新乔治亚岛南岸胜利完成了其余几次辅助性登陆。

在伦多瓦岛的主要登陆行动中，美军投入的六千名官兵很快就把岛上的区区二百名日军打垮，又在1943年7月第一周登陆蒙达。1943年7月第一周和第二周，日本海军小股部队发起了几次还击，像在瓜达尔卡纳尔岛海战时那样重创了美国巡洋舰，并且其间让大约三千名官兵登上了海岸。

虽然得到了密集的海空火力和重炮火力支援，但由于毫无作战经验，被调来参加作战的美军师渡过伦多瓦海峡后，在蒙达的丛林中只能以缓慢的速度行军。前线传来的战报称，美军登陆部队士气低落，因此新乔治亚岛上的美军又得到一个半师的增援。到1943年8月5日，大部分日军还是得以撤退到北面邻近的科隆邦阿拉岛，美军终于占领了蒙达及其周边地区。在随后展开的海战中，美军的制空权让日军蒙受了十分不利的损失。

美军在新乔治亚岛进展缓慢产生的最重大影响是让小威廉·哈尔西及其他美军首脑意识到步步为营式进攻的缺点，认清了日军得到了充分加固下一道防线的时间，如此缓慢的进展还抵消了美军自身巨大的海空优势。因此，美军决定封锁驻有一万余日军的科隆邦阿拉岛，听任其"自生自灭"，而美军则进攻面积虽大但防御力量薄弱的韦拉拉韦拉岛，岛上只有二百五十名日军。此外，美军在韦拉拉韦拉岛上修建的机场将美军和所罗门群岛最西端的布干维尔岛之间的飞机航程缩短到一百英里以内。

1943年8月15日，美军在韦拉拉韦拉岛登陆，速度快得甚至在美军占领新乔治亚群岛之前就完成了登陆作战。因上级命令放弃所罗门群岛东部诸岛并退守布干维尔，当地日军指挥官佐佐木登

第4章 日军在太平洋战场败退

在科隆邦阿拉岛做长期抵抗的设想未能实现。9月底到10月初，日军撤走了科隆邦阿拉岛的大部分守军和韦拉拉韦拉岛上的少量防御部队。

在新乔治亚群岛战役中，日军付出了战死两千五百人、损失十七艘军舰的代价。美军损失了一千人（这未将很多病死的官兵计算在内）和六艘军舰。日军在空中力量的损失远比盟军惨重。

盟军之所以在1943年8月中旬对萨拉马瓦持续施压，其目的就是为掩人耳目，不让日军注意到盟军正为进攻莱城和休恩半岛做准备——莱城和休恩半岛的港口和机场不仅是盟军进攻新不列颠岛必需的，还能在"跳岛"作战中掩护自身侧翼。

麦克阿瑟计划用两栖登陆、空降与地面进攻结合的攻势解决休恩半岛的日军。虽然这样一次海陆空立体进攻很复杂，但只要麦克阿瑟愿意，就有足够的战争资源打这么一仗。1943年9月5日，麦克阿瑟指挥的两栖部队协助澳大利亚第九师主力在莱城正东方向登陆。9月6日，美国第五〇三伞兵团降落在莱城西北的纳扎布机场（这是盟军在太平洋战场上的首次空降作战），等到纳扎布机场可供使用了，就用运输机将澳大利亚第七师空运过来。这时，澳大利亚军队和美军在萨拉马瓦的地面进攻就重新开始了。

盟军的集中进攻只遭遇了很少抵抗——因为日军大本营意识到己方在战区的一个师团可能会被切断后路，因此批准这个师团越过山脉纵横的休恩半岛，往距离莱城约五十英里的基亚里撤退。因此，1943年9月11日，日军撤出了萨拉马瓦。9月15日，日军又撤出了莱城。但因盟军两栖部队中的一个澳大利亚旅在9月22日登陆芬什港，所以日军守住休恩半岛尖端上的芬什港的希望告

吹。虽然日军调了另一个师团作为援兵,但还是被迫沿着海岸节节后退。与此同时,澳大利亚第七师正以更快的速度从莱城往马哈姆河河谷挺进,并在四天后抵达距离次要据点和港口马当(马当位于莱城西北一百六十英里)五十英里的敦普。1943年底,虽然进展已经比原定计划推迟了,但盟军还是做好了沿海岸和内地对马当发起一次"双叉威胁"的准备。

1943年9月,日军大本营终于认识到,早先对于战争局势及战争前景的乐观估计必须改改了。日军被过度分散在极其广阔的战区,美军却以短得出乎意料的时间从战争早期的失败中迅速恢复,并在和日军的海空作战中渐渐占了上风。显然,日军必须收敛一点,缩短自己防守的圆弧战线,因为日军除了在侧翼遭到美军施压,还受到来自中心部位——珍珠港——的潜在威胁。切斯特·威廉·尼米兹上将在珍珠港已经拥有了很多战舰,其规模是自第一次世界大战时期由约翰·杰利科担任司令的"大舰队"以来最大的。

因其脆弱的经济基础,日本面临的军事处境更加危险。日本生产的战机不足以应对美军的挑战,也开始无法保护自己的商船了。

1943年9月中旬,日军大本营制定了"新作战政策"。"新作战政策"重新限定了为达成战争目的所需的最小控制范围。这一最小控制范围,也就是所谓"绝对国防圈",是以缅甸为起点,沿着马来半岛延伸到新几内亚岛西部,再延伸到加罗林群岛、马里亚纳群岛,并最终向北到达千岛群岛。日军缩小了弧形的"国防圈",就意味着新几内亚岛大部分、俾斯麦群岛(包括拉包尔)全部、吉尔伯特群岛和马绍尔群岛都已被认定为"非必要"之列,尽管日军还要在这些岛屿上防守六个月。六个月后,日军

第4章 日军在太平洋战场败退

希望自己这个"绝对国防圈"一定要发展成一个坚不可摧的堡垒,而日军的飞机产量将增加三倍,联合舰队的实力也会恢复到足以在海战中挑战美军太平洋舰队的程度。

与此同时,西南太平洋的日军将奉命抵挡一支增强到配备约二十个师、近三千架飞机的盟军部队。日军在新几内亚岛东部有三个师团,在新不列颠岛和布干维尔岛各有一个师团,另外还有一个师团在赶来增援的路上。但日军还有二十六个师团在中国战场,另有十五个师团在"伪满洲国"防范苏联可能的入侵——由此可见,日军地面部队的弱点并不是数量过少,而是分布过散。

盟军由于进展缓慢,麦克阿瑟急于继续推进——在麦克阿瑟获悉联合参谋部当时倾向于把中太平洋地区的进军放在优先地位(既然距离较短,进军所需时间就有可能缩短)后尤其如此。而自从联合参谋部提出"占领日军固守的拉包尔并非必要,可以跳过并且将其孤立起来"后,麦克阿瑟要求"加把劲"的心情就更加紧迫了。海军上将小威廉·哈尔西是个天生的野心家。他率领的众多海军舰船和海军陆战队第二师都将被调去支援美军在中太平洋地区的进攻,所以现在他急于率领麾下部队尽快穿越所罗门群岛了。

布干维尔岛战役

布干维尔岛是位于所罗门群岛最西端的一个大岛,日军驻扎着近四万名陆军官兵和两万名海军官兵,他们大部分都驻扎在该岛的南部。小威廉·哈尔西麾下的军舰和登陆艇数量大大减少,一次只能将一个加强师送上岸。美军精明地将登陆地点选在了防

备较弱、具有适合建造机场的地点——布干维尔岛西海岸的奥古斯塔皇后湾。

在猛烈轰炸布干维尔岛上的日军空军基地并占领毗邻布干维尔岛的岛屿后，1943年11月1日，美军登陆布干维尔岛。这让觉得美军会从风浪较平静的南部地区登陆的日军大吃一惊。日军发动海空反击，但都被击退——尽管日军的损失比盟军小得多。美军航母舰队和在新几内亚的盟军空军对拉包尔发动的空袭大大压制了日军新近从拉包尔派出航空兵部队进行的干预作战。空袭拉包尔也为今后积累了一个重要经验，那就是即使在得到来自日军陆基机场起飞的飞机掩护的地区，快速航母舰队同样可以发挥作用。

在地面作战方面，美军登陆部队得到了另一个师的增援，逐渐将己方的滩头阵地扩大成宽十几英里的稳固的大桥头堡。1943年12月中旬，美军已有四万四千人成功登陆布干维尔岛并进行防守。因相信美军会在其他地方发动主要登陆行动，日军反应仍十分迟钝。即便是已经意识到主要威胁来自奥古斯塔皇后湾，但日军因为把部队从布干维尔岛南部调来须穿过宽五十英里的丛林，所以反击行动还是推迟了。结果直至1944年2月底，日军都处于无所作为的状态。交战双方一时出现了长时间的僵持。

占领俾斯麦群岛与阿德默勒尔蒂群岛

与此同时，盟军在新几内亚的进军仍在继续。1944年1月2日，麦克阿瑟派出近七千人的部队在位于休恩半岛和马当正中间的赛多尔登陆，随后这支登陆部队的人数很快就翻了一倍。这样

第4章 日军在太平洋战场败退

一来，试图坚守休恩半岛正西方的锡奥、规模和美军相当但十分虚弱疲惫的日军防御部队沿海岸线逃走的退路就被切断了。

为了突围，日军唯有绕路穿过群山丛林撤退，就这样在途中损失了几千人。这时，澳大利亚军队的钳形攻势开始收拢。澳大利亚军队从位于马哈姆河河谷的敦普向海岸逼近，并在1944年4月13日抵达海岸。4月24日，日军被迫下令加速撤退，并命令在新几内亚的日军向西退到近两百英里外的韦瓦克，这使麦克阿瑟的部队未遇激烈抵抗就占领了马当。

麦克阿瑟不等休恩半岛被肃清就再次发动了进攻。1943年12月15日，沃尔特·克鲁格的"阿拉莫"部队开始在靠近阿拉威的新不列颠岛西南海岸登陆，并将当地机场占领。1943年圣诞节后，"阿拉莫"部队的主力（两个师）在靠近格洛斯特角西端的地区登陆。虽然此时的麦克阿瑟已经放弃了进攻拉包尔的想法，但还是想争取海峡两侧的控制权，以此从侧翼掩护其麾下部队在新几内亚岛继续向西进军。美军登陆的新不列颠岛西端由一支刚从中国战场上调来、规模约八千人的日军小分队把守，但这支小分队和拉包尔之间隔了一大片荒地——距离这个新月形大岛的另一端有三百英里。在第七飞行师团被调回位于西边两千英里的西里伯斯岛后，这里的日军只能得到很少的空中支援。如此一来，格洛斯特角附近的日军就只能稍做抵抗便很快开始远距离撤退，撤到拉包尔。

1944年2月底，已经下船的美国骑兵第一师的一支侦察部队在格洛斯特角以北二百五十英里的阿德默勒尔蒂群岛登陆。阿德默勒尔蒂群岛有好几个机场（还能修建更多）和一个很大的、带

掩护的锚地。岛上的四千名日军进行了一番比设想中更激烈的抵抗，最终被3月9日登陆的美军主力部队抄后路击退。5月，尽管日军余部被全部消灭前还在继续抵抗，但在3月中旬，美军就占领了计划中的几个主要目标，并开始把阿德默勒尔蒂群岛作为一个主要基地。

走到这一步，拥有十万多日军的拉包尔就已经被孤立了，美军可以听任其"自生自灭"了。俾斯麦群岛形成的屏障终于被美军突破，这就比进行一次直接进攻可能遭受的损失要小得多了。

美军在布干维尔岛登陆四个月后，日军指挥官发觉美军主要的登陆场就在西海岸，但为时已晚。1944年3月，日军指挥官率领一支约一万五千人的部队穿过丛林袭击当时有六万余美军防守的滩头阵地（日军估计美军有大约两万人的作战部队和一万名空军地勤人员）——但美军即便只有日军估计的兵力，日军发起反攻为时已晚，胜利的希望也是极其渺茫的。从3月8日开始，连续两周，日军发起的四次反攻全部失败，共损失了八千多人，占总兵力一半以上，而美军损失了不到三百人。经历了这样一次毁灭性打击后，日军剩余的防御部队也已经被孤立。日军回天乏术，唯有等死了。

进军中太平洋

美军在中太平洋地区发起的攻击和在西南太平洋的一样，并非剑指日本本土，而是以菲律宾群岛为目标，顺便收复失地。战争进行到这一阶段，华盛顿的联合参谋部的基本看法是：美军在

第4章 日军在太平洋战场败退

收复菲律宾群岛后立即开赴中国，在中国建立强大的空军基地；接着，美军飞机将从中国起飞，夺取日本上空的制空权，将日军的补给线切断，并将其抵抗力量全部消灭。

美国竭力帮助中国抵抗日军，用意就是执行这一战略计划。另外，美国迫切希望英国恢复在缅甸的进军，重新控制与中国南部连接的滇缅公路，以便为蒋介石运输战时补给物资及增援武装。

结果，美军在中太平洋进展神速，切斯特·威廉·尼米兹上将的部队将战线向北转移，抢占马里亚纳群岛，而新型远程轰炸机B-29"超级空中堡垒"的发展有望使美军从距离日本不到一千四百英里的马里亚纳群岛起飞，直接轰炸日本本土。此外，联合参谋部在1944年10月美军占领马里亚纳群岛时就已经明显意识到，短时间内几乎不可能指望得到国民党的帮助或让英军靠近中国南部地区。

占领吉尔伯特群岛

在制订中太平洋进军计划时，海军上将恩斯特·金原本想先对马绍尔群岛下手，但因缺乏能确保胜利必需的舰艇和训练有素的部队而作罢。后来，美军以首先对吉尔伯特群岛发起进攻的计划取而代之——虽然吉尔伯特群岛距离美国夏威夷珍珠港基地更远，但要攻占吉尔伯特群岛看上去不是十分困难，并且攻下后，还可以将吉尔伯特群岛当作两栖作战的训练场及日后轰炸马绍尔群岛的基地。美军将以吉尔伯特群岛中最西边的马金环礁和塔拉瓦环礁作为主要进攻目标。

作为总司令,切斯特·威廉·尼米兹选择当时还是中将的雷蒙德·斯普鲁恩斯担任进攻部队的指挥官。美军的地面部队被称为"第五两栖军",由美国海军陆战队的霍兰·史密斯少将指挥。运输第五两栖军的海军部队由已经在所罗门群岛积累了类似行动丰富经验的海军少将理查德·特纳负责。美军被分为两支进攻部队:北部的美军由六艘运输船搭载第二十七师约七千名官兵负责攻占马金环礁;南部的美军由十六艘运输船搭载海军陆战队第二师一万八千多人负责攻占塔拉瓦环礁。除护航航空母舰护航运输船外,进攻部队还得到海军少将查尔斯·波纳尔麾下六艘舰队型航空母舰、五艘轻型航空母舰、六艘新型战列舰和多艘其他中小型军舰的掩护。美军空中力量除了航空母舰上搭载的八百五十架舰载机,还有从陆上基地起飞的陆军航空兵的轰炸机一百五十架。

美军最重要的发展是动用了作战时对航队进行维修工作的机动勤务部队。机动勤务部队除无法大修较大型的军舰之外,其他什么都能干。机动勤务部队有油船、补给舰、拖船、扫雷舰、驳船、平底船和弹药运输船,后来还增配了医院船、兵营船、水上干船坞、水上起重机、测量船、海上平台拆装船等装备。这样的海上船队在两栖作战中大大增强了海军的活动范围与作战能力。

1943年11月20日,初步轰炸过日军后,盟军对吉尔伯特群岛发动了"电流行动"——这恰好是英国1917年在康布雷发动大规模坦克攻势的纪念日。由于日军根据1943年9月"新作战政策"为吉尔伯特群岛增派的援军尚未到达,因此吉尔伯特群岛的防御十分空虚。马金环礁的日军只有八百人,作为次要目标的阿贝马

第4章 日军在太平洋战场败退

马环礁的日军更是只有二十五人。但塔拉瓦环礁的日军有三千多人,并且防御十分完备。

马金环礁的日军把一个缺乏经验的美军师挡了四天。可以在珊瑚地带通行的"履带式两栖车"在行动中威力很大,但登陆部队只有少数几辆。

曾于瓜达尔卡纳尔岛立下赫赫战功的美国海军陆战队第二师进攻前,工事坚固的塔拉瓦环礁遭到了美国海军猛烈的炮击(两个半小时发射了三千吨炮弹)和猛烈的空袭。即便如此,在穿过珊瑚礁和海滩之间的一条六百码的狭长地带时,登陆第一天上岸的五千名美军士兵中,仍有三分之一被日军杀死。不过,幸存的士兵不屈不挠地进行战斗,迫使日军撤退到岛内的两个据点。日军此番撤退让美国海军陆战队迅速遍及全岛,并包围日军防守的据点。1943年11月22日夜,日军对美军反复发起反攻,直至被消灭,这倒是给美军省了不少麻烦。之后,美军很快就肃清了塔拉瓦环礁。

美国海军在战斗中损失了一艘护航航空母舰。但总体而言,美军航母战斗群在作战中证明了自己无论白天还是黑夜,都能击退日军空袭。日军的水面舰艇始终没有对雷蒙德·斯普鲁恩斯上将率领的大型舰队发起挑战。

美军遭受的损失令美国民众震惊,于是对吉尔伯特群岛的进攻成为一个争论激烈的话题。从很多细节来看,美军在进攻中积累的经验是可贵的,两栖作战的技术因此得到了重大改进。官方海军史学家、海军少将塞缪尔·莫里森将其称之为"1945年胜利的基础"。

切斯特·威廉·尼米兹及其参谋已经在忙于下一步进攻马绍尔群岛的行动了。不过，在完成进攻吉尔伯特群岛的行动后，因为切斯特·威廉·尼米兹坚持，美军才在计划方面做了较大的修改。这次进攻并非直接进攻马绍尔群岛最东端的岛屿，而是在跨过这些岛屿后"跳"入远在四百英里外的夸贾林环礁。如果之后一切进展顺利，雷蒙德·斯普鲁恩斯就将率领预备队去占领长达七百英里的岛链中最末端的埃尼威托克环礁。美军的进攻部署与之前进攻吉尔伯特群岛时一样，只不过新增了两支发起突击的部队。美军突击部队共有五万四千人，另有三万一千人的留守部队。海军方面，美军有四个航母战斗群，配备十二艘航空母舰和八艘战列舰。美军投入了更多配备武器和装甲的"履带式两栖车"，在战斗机和炮艇上配备了火箭发射装置。美军在进攻之前投入的轰炸火力也比进攻吉尔伯特时多四倍。美军作战计划的成功也与日军把能提供的援兵统统派到马绍尔群岛东边的岛屿上有关。如此一来，日军就被美军"间接逼近"战略和"跳岛"战略打了一个措手不及。

1944年1月底，美军快速航空母舰返回珍珠港，经过短暂休整后重返战场。进攻马绍尔群岛的全过程中，美军航空母舰连续不断派出飞机（共计六千多架）轰炸，摧毁了约一百五十架日军飞机，使日本海军航空队的活动瘫痪了。

美军进攻的第一步是，1944年1月31日占领马绍尔群岛东端没有设防的马朱罗环礁，这给美军勤务部队提供了一个良好的锚地。接着，美军占领了位于夸贾林环礁侧面的一些小岛，主攻部队则在2月1日及时跟上。日军凭着野蛮送死的精神，高呼"万

第4章 日军在太平洋战场败退

岁",一次又一次发起自杀式冲锋。这加速了日军的失败。虽然日军八千人中有五千人是作战部队,但美军在这次战斗中只有三百七十人战死,最后获得了胜利。

美军约一万人的预备队并未调来,而是奉命去占领埃尼威托克环礁。埃尼威托克环礁距离马里亚纳群岛尚有一千英里,距离日军在加罗林群岛的主要基地特鲁克岛不到七百英里。因此,美军用九艘航空母舰的舰载机在登陆埃尼威托克环礁的同一天猛烈空袭了特鲁克岛,以此作为进攻埃尼威托克环礁的侧面掩护。1944年2月17日晚,美军又用雷达帮助识别目标,进一步袭击了特鲁克岛。2月18日,美军又发动了第三次袭击。虽然古贺峰一大将已经慎重地将"联合舰队"主力撤出,但仍有两艘巡洋舰、四艘驱逐舰、二十六艘油船和货船被击沉。日军航空兵的损失更大——美军仅损失二十五架飞机,日军却损失二百五十多架。美军的三次毁灭性空袭取得的战略效果更加惊人:日军被迫从俾斯麦群岛撤走了所有飞机,拉包尔陷入孤立无援的状态之中。这就证明,对麦克阿瑟在西南太平洋的进展,美军在中太平洋的进军并非拖后腿,而是起到加速作用。

最重要的一点,占领埃尼威托克环礁的作战证明,单靠有航空母舰的舰队,既不需要占领陆地,也不需要陆基飞机的帮助就能摧毁日军的主要基地。

在这种情况下,占领埃尼威托克环礁就轻而易举了。美军登陆部队虽不足半个师,却已迅速占领了周围岛屿,而埃尼威托克主岛上的日军也在三天内被击败。美军在马绍尔群岛修建新军用机场的工作进展很快。美军只用两个多月的时间就占领了吉尔伯

特群岛和马绍尔群岛——日军则希望在吉尔伯特群岛和马绍尔群岛的迟滞行动能坚持六个月,而身处"绝对国防圈"之中的关键岛屿——特鲁克岛却早已遭到严重摧毁。

1943年到1944年的缅甸战场

缅甸的季节性作战战况跟计划的有很大不同,与盟军在太平洋,特别是中太平洋的极速进军相比,令人失望。当时战局的主要特点就是日军又发动了一次进攻,并且已经跨过了印度边境,而且是日军在战争中唯一一次跨过印度边境进入阿萨姆邦的南部。而英军则一直在盘算着筹备一次将日本侵略军赶出缅北的同时还能控制通往中国的滇缅公路的攻势。当时,印度的交通线状况已经大有改观,英军战斗力也日渐增强,前景一片大好。

日军的进攻旨在先发制人地打乱英军的攻势。说句难听的,日军在实力较差的情况下竟然能几乎取得战术成功,即便最后失败了,但还是在战略上让英军被迫把进攻推迟到了1945年。1944年春,因英军在距阿萨姆邦边界三十英里的因帕尔和科希马修筑的坚固防线,日军的进攻失败了。这时,人们就很清楚了:日军已在最后一次进攻中将自己本就微弱的力量耗尽,不可能有能力抵抗英军立刻展开的反攻,更别说招架即将到来的1945年英军的大举进攻了。

同盟国一致同意在战役准备过程中将占领缅北作为首要目标,因为缅北是重新与中国建立直接交通线的捷径,只有通过滇缅公路才能越过崇山峻岭将物资运输到中国。经过长期讨论,盟

军搁置了将在阿恰布、仰光及苏门答腊等地两栖作战的计划。英军在缅北的进攻以重新进攻阿拉干为开端,而北部的"钦迪队"则承担牵制性进攻的任务。

1943年8月底,一个新的、一致同意的"东南亚司令部"成立,由前联合作战部指挥、海军上将蒙巴顿担任司令。蒙巴顿麾下有几个将领,分别是海军上将詹姆斯·萨默维尔、陆军的乔治·吉法德将军、空军上将理查德·皮尔斯,史迪威则是蒙巴顿的副司令。印度司令部与东南亚司令部分开——印度司令部专管练兵,不负责作战。阿奇博尔德·韦维尔爵士"青云直上"当上了印度总督,而克劳德·奥金莱克则接了阿奇博尔德·韦维尔爵士的班,担任印度军队总司令。

乔治·吉法德将军统帅的第十一集团军群的主要部队是新编第十四集团军,集团军司令是威廉·斯利姆将军。第十四集团军主要由菲利普·克里斯蒂森在阿拉干的英属印度第十五军和杰弗里·斯库恩斯在缅北中部战线的英国第四军组成,兼管缅甸战场上中国远征军几个师的作战活动。盟军海军力量还是很弱小,但空中力量方面已增兵至六十七个中队(其中十九个是美军中队),共有约八百五十架飞机可以作战。

正因为大大增强的盟军兵力和已经预示的明显进攻方向,日军才向阿萨姆发动了一次预防性攻势,否则日军就会一直满足于守势,并进一步巩固自己在1942年初就占领的缅甸。奥德·温盖特率领的"钦迪队"发动的首次进攻让日军明白,钦敦江绝非一个可靠的屏障。日军进攻的意图只是想通过占领因帕尔平原并控制阿萨姆山口,粉碎英军在1944年旱季发动的进攻,而不是意欲

远征印度或"进军德里"。

在这个准备阶段,日军改组了其指挥系统。日军缅甸战区最高指挥官河边正三麾下有三个所谓的"军"(等级上相当于西方的"集团军",实际规模却只有"军"那么大)。其中,东北地区有本多政材第三十三军共两个师团。阿拉干前线有樱井省三指挥的第二十八军的三个师团、牟田口廉也的第十五军下属的三个师团和一个仅九千人、只比一个正规日本师团兵力的一半稍多一些的"印度国民军"师①。

牟田口廉也的第十五军打算在对阿拉干和云南先发动初步攻击后再进攻因帕尔。英军与日军都计划在对战场中心地带的前线地区发起规模较大的攻击前先在阿拉干发动一次规模有限的攻势。对英军来说,这次攻势给了威廉·斯利姆将军一次测试新的丛林战术的机会。这种新的丛林战术基于"建立可供部队撤退并用空投维持物资供应的据点,由预备队消灭位于己方和据点之间前来进犯的日军"思想。英军的新战术可谓与之前的"一遭包围即撤退"的表现有着天壤之别。

1944年初,菲利普·克里斯蒂森的英属印度第十五军兵分三个纵队逐步往南,向阿恰布推进。然而,2月初,英属印度第十五军推进的节奏被日军计划之中的攻势阻断——虽然日军只动用了在阿拉干的三个师团中的一个。日军趁英军疏忽大意,占领了布迪当,并转而向南进攻,使正在推进的英军纵队左右为难。英军

---

① 为了取代英国在印度的殖民政府,日本在南亚扶植了一个"自由印度临时政府",印度国民军是其武装力量。印度国民军的人员主要由印度战俘和日军占领的马来亚和缅甸的印度人构成。——译者注

直到新的增援部队空运赶到后才得救。不过，英军的新战术除上述这些局部错误之外，整体上被证明还是有价值的。而因缺粮少弹，日军甚至在6月雨季到来前就被迫放弃了反攻。

自从1943年5月战场首秀以撤退告终后，奥德·温盖特的"钦迪队"一直没有参加过战斗，但兵力在这期间从一个旅扩充到六个旅——因为奥德·温盖特的观点激发了丘吉尔的想象力，同时这个观点还在8月于魁北克召开的"四国会议"上成功博得了过去对此持怀疑态度的盟军参谋首脑的好感。奥德·温盖特被提升为少将，麾下的部队配有独立的航空单位。这个航空单位就是由年轻的美国人菲利普·科克伦指挥的、常被戏称为"科克伦马戏团"的第一空中突击队——其实该突击队有相当于十一个中队的兵力，真正实力远比"突击队"的名头大。

奥德·温盖特把1943年的后几个月和1944年的前几个月都花在对新派给自己的几个旅进行专门化训练上。为了伪装，虽然这些部队被统称为"印度第三师"，但这个"印度第三师"里其实根本就没有印度人，实际兵力已经扩展到两个师——其中的新成员主要来自英国第七十师。

奥德·温盖特的作战思想也有了变化和发展——从"打了就跑"的游击战变为更切实际、更持久的长距离渗透。奥德·温盖特的远程巡逻部队准备占领曼德勒以北约一百五十英里、位于伊洛瓦底江上的英多——位于英国第四军和史迪威手下的中国远征军之间。同时，奥德·温盖特的远程巡逻部队还要在此建立一连串由空投维持供应的据点，切断日军运输线——这不仅仅是扰乱日军，更是要与日军"一决高下"。实际上，"钦迪队"将作为先锋部队，

英国第四军负责支援和扫荡。根据奥德·温盖特的设想，最终作战目的是让几支远程巡逻部队远离主力部队参加作战行动。

1944年3月5日，战役伴随着凶兆拉开序幕：英军最初用于突击的六十二架滑翔机有许多在"百老汇"地区着陆时失事或坠毁，而当时选定的另一个地点则被许多砍倒的树干堵住了。然而，在"百老汇"地区修建小型机场的工作仍在继续进行，麦克·卡尔弗特的第七十七远程巡逻旅在随后的几个晚上先后着陆成功，接着就是沃尔特·伦泰恩的第一一一远程巡逻旅。到3月13日，已有约九千人被深入投放至日军后方。此外，1944年2月初，由伯纳德·弗格森指挥的第十六远程巡逻旅也从阿萨姆出发，开始陆上行军。虽然路不好走，但第十六远程巡逻旅还是在3月下旬逼近英多。

尽管日军遭到了突然袭击，但在林义秀将军的指挥下，很快拼凑出了一支兵力相当于一个师团的部队对抗英军入侵。林义秀将军的部分日军在1944年3月18日抵达英多，主力部队则在3月底前抵达。此外，在3月17日的一次反击战中，日军航空部队击毁了当时正从"百老汇"起飞作战的六架英军"喷火"式战斗机中的大部分。此后，英军只能依赖远在因帕尔基地的英军战斗机巡逻队获得空防了。3月24日，奥德·温盖特本人的座机坠落丛林，机毁人亡。但就在悲剧发生前，奥德·温盖特过于复杂且未经过缜密思考的计划就已经变得漏洞百出。3月26日，陆上行军的第十六远程巡逻旅继承奥德·温盖特的遗命，进攻英多，却在日军预设的阵地被击退。日军还成功制止了另一些远程巡逻旅制造的威胁。这说明由于没有得到自己设想的主力部队的支持，奥德·温

盖特想把游击战发展成一种更加具体的长距离渗透作战的想法没有成功。

沃尔特·伦泰恩奉命在奥德·温盖特死后接任"钦迪队"指挥官，并在1944年4月初同蒙巴顿和威廉·斯利姆讨论了战局，认为应该把"钦迪队"北调支援史迪威率领的中国远征军——因为史迪威的部队没能阻挡日军对因帕尔的进攻。因担心英军的调动会把日军引来，史迪威并不支持此番调动——尽管史迪威率领的中国远征军尚未到达日军在密支那的主要阵地时，"钦迪队"就占领了莫冈，一定程度上协助了史迪威的进军。"钦迪队"是刚好在日军一个师团到达战场前完成北调任务的。

日军进入阿萨姆并占领因帕尔和科希马的"预防性"进攻是1944年3月中旬由三个师团的兵力发动的。但与盟军的预料相反的是，日军进攻的发起和进展实际上并未受"钦迪队"在东翼和后方沿着伊洛瓦底江流域冲杀下来的影响，因为英军制造的威胁距离日军太远，不足以威胁日军往北的行军路线与运输线。

1944年1月底，有证据表明，日军正在钦敦江上游重新集结、准备朝因帕尔方向发动攻势。鉴于此，杰弗里·斯库恩斯中断了英国第四军从因帕尔中间向南进军，并逐渐采取防御态势。即便如此，杰弗里·斯库恩斯麾下的三个师彼此之间距离较远——最南面的第十七师在迪登附近被日军绕过后发现返回因帕尔的道路已被日军堵截。形势看上去十分危急。另一个从阿拉干返回的英军师赶快采取紧急措施，同其他援军一道被空运返回了因帕尔。日军从钦敦江出发的侧翼包抄式进军也取得了进展，挡住了撤退中的英国第二十师的退路。紧接着，3月19日，英军设在因帕尔

东北（同样是因帕尔后方）约三十英里的乌克鲁尔阵地遭袭，局势瞬间因日军深入的侧翼突击目标是科希马而令人感到不安——科希马位于因帕尔以北六十英里，得到群山掩护，是通往印度道路上的要冲。3月29日，因帕尔到科希马的道路事实上被暂时切断了。这时，又有两个新到战场的日军师团前来防守，填补防线空隙。总的来说，灵活又有冲劲的日军再次让数量上占优的英军心慌意乱，处境糟糕。虽然英军设法重返科希马平原，并部署了四个多师的守军，但科希马守军只有休·理查兹上校指挥的一千五百人。幸亏日军最高指挥官河边正三不允许当地指挥官牟田口廉也派兵占领离科希马三十英里的群山出口迪马布尔。如果牟田口廉也真的发动对迪马布尔的进攻，其麾下日军就会挡住英军援救因帕尔阵地的一切反攻，并将英军击败。

危急关头，蒙塔古·斯托普福德中将及其指挥的第三十三军先头部队从印度赶赴战场，并在1944年4月2日第三十三军主力部队到达前奉命负责迪马布尔到科希马一带的防务。

1944年4月4日夜，日军第三十一师团正式发起对科希马的进攻，并很快占领了制高点。4月6日，英军本就很少的防守部队和准备前来增援的旅之间的联系被切断了。又因日军设在祖布扎的路障，前来增援的旅与迪马布尔失去了联系。

然而，1944年4月10日，威廉·斯利姆将军下令发动总反攻。4月14日，蒙塔古·斯托普福德派来的一个旅占领了日军设在祖布扎的路障。4月18日，前往救援的两个旅开到了科希马。当地精疲力竭、人数稀少的守军正做着最后的抵抗。接着，英军就把科希马周围制高点的日军都赶走了。

第4章 日军在太平洋战场败退

在因帕尔周边发起反击的两个英军师打得也很激烈——英军向北肃清通往科希马的道路，又往东北方向进军，重占乌克鲁尔，并威胁正在进攻科希马的两个日军师团的后方。英军在因帕尔的另外两个师正向南发起突击。

所幸英军现在几乎完全掌握制空权（日军在整个缅甸只有不到两百架飞机），因此英军仍可以在作战最关键的几个星期里用空投补给的办法为自己在因帕尔的大军提供保障。这支大军当时共约十二万人，这还不包括用飞机运走的三万五千名伤病员和非战斗人员。

1944年5月，由蒙塔古·斯托普福德率领的经过增强的英军先将坚守在科希马周围阵地的日军赶走，随后又肃清了通往因帕尔的道路。杰弗里·斯库恩斯的部队则几乎把因帕尔南部的日军逼入绝境了。不过，如果不是牟田口廉也在没有希望获胜和手下将领们的反对之下继续坚持进攻，日军本可以在没有多大损失的情况下安然撤退——但一意孤行的牟田口廉也固执己见，把手下三个师团的师团长全部免职，最后害得自己也被免职了。

1944年7月，威廉·斯利姆指挥的英国第十四集团军继续反攻，最后到达了钦敦江。英军的进展之所以耽搁了，虽然是受到了仅存的又饿又累的日军残部抵抗，但季风雨对英军造成的麻烦更大一些。

在这次迁延得过于漫长的进攻中，日军共投入八万四千人，损失了五万多人。虽然日军一开始投入的兵力就很多，到最后投入兵力更多，但对兵力运用更加谨慎的英军损失只有一万七千人不到。总体而言，英军动用了六个师和一些规模较小的编队，因拥有制空权而占了大便宜。然而，日军只动用了三个师团和一个兵力少、装备差的所谓"印度国民军"。此外，日军因为对一种不现实的军事传统的盲目服从导致丧失了在战术技巧上的优势——日军会在战争的下一阶段为这种愚蠢付出更大的代价。

第 5 章

西南太平洋及缅甸获得解放

The Liberation of the South-west Pacific and Burma

第5章　西南太平洋及缅甸获得解放

1944年的春季很快就要到来了。此时，太平洋战场的局势是这样的：在切斯特·威廉·尼米兹的领导下，雷蒙德·斯普鲁恩斯指挥的美军中太平洋船队接连占领吉尔伯特群岛和马绍尔群岛，空袭摧毁了日军设在加罗林群岛的特鲁克岛基地，大大削弱了日军自称为"主要防御堡垒"的后方区域。与此同时，麦克阿瑟率领部队突破了日军的"堡垒"，接连占领了俾斯麦群岛和阿德默勒尔蒂群岛的大部分岛屿，并将日军设在拉包尔的前进基地孤立起来。在新几内亚岛以西，麦克阿瑟的部队也取得了很大进展，下一步就要跃进到菲律宾群岛了。

收复新几内亚岛

新几内亚岛战役的持续有着显著特点，那就是发展了之前曾在所罗门群岛试行过的"跳岛"战术①：麦克阿瑟用了四个月时

---

① 这个战术的特点是不逐一收复各岛屿，而是"收复一个岛屿后跳过下一个岛屿，直接攻占下下个岛屿（特别要避开日军守卫严密的岛屿）"，利用充足的人力后勤优势和海空封锁迫使日军屈服。"跳岛"战术除了在太平洋战场，在意大利战场也成功帮助美军先英军一步抵达巴勒莫。——译者注

125

间,通过一系列跳跃(从马当一直到新几内亚岛西端的鸟头半岛)向前推进了一千英里。日军原本希望能保住几个在沿海地区条件较好的地方修建的机场,但无法从陆上包抄这些据点的盟军竟利用海空优势绕道沿海地区,然后把这些机场全部占领了。

从战略角度来看,形势对日军不利,因为日军的海空主力部队必须留着准备迎击雷蒙德·斯普鲁恩斯即将在中太平洋地区发动的下一次进攻。而地面战场上的日军都已经被打散,还得不到增援。拉包尔的日军这时已经有了一个新番号——第八方面军。第八方面军正处于孤军防守的状态。在新几内亚岛北部海岸韦瓦克的安达二十三中将的第十八军残部已经被划归阿南惟几指挥的第二方面军。此时,第二方面军共有六个残弱师团的兵力,但其对手是得到强大海空力量支援的十五个盟军师,其中八个美国师,七个澳大利亚师。

1944年4月,澳大利亚第七师和第十一师从马当出发,一路向西,朝海岸方向前进,而麦克阿瑟正指挥盟军进攻位于韦瓦克以西二百英里的洪堡湾的轴心国重要基地霍兰迪亚。这是他目前指挥的最大一次"跳岛"作战。

为了保卫霍兰迪亚基地,日军集结了三百五十架飞机,结果在正式登陆前,美军发动了大规模轰炸行动,将日军大多数飞机炸毁在地面上。1944年4月22日,美军先以两个两栖作战集群的兵力分别在霍兰迪亚两侧登陆,另外派一个两栖作战集群登陆艾塔佩(路程约为韦瓦克到霍兰迪亚距离的三分之一)。作为进一步预防措施,美军占领了艾塔佩的机场。根据盟军情报部门对日军兵力的估计,日军在霍兰迪亚有一万四千人,在艾塔佩有三千五百人。为了确保作战成功,麦克阿瑟调集了近五万人的兵力——主要来自罗伯特·艾克尔伯格指挥的美国第一军。其实,日军实际守备力量比美军估计的要少,并且大部分是在美军轰炸后没怎么抵抗就往内陆逃窜的后勤部队。

安达二十三的三个力量较弱的师团就这样被美军切断退路了。安达二十三没有选择劳神费力地迂回绕路往内陆撤退,而是选择直截了当地沿着海岸线突围。然而,安达二十三率部撤退时已是1944年7月了。这时,麦克阿瑟已经派遣了三个战斗力很强的美军师前往支援艾塔佩的美军。因此,日军付出沉重代价后被美军打退了。

早在日军反攻受挫前,美军已经朝西推进了一百二十英里,攻打建有一座日军机场的瓦克德岛。1944年5月中旬,一支美军在新几内亚岛海岸的托埃姆登陆,渡过窄窄的海峡到达瓦克德岛。经过短暂、顽强的防守后,日军的托埃姆防线被美军攻破。不过,美军沿着海岸往萨米前进时遇到了日军更长时间的抵抗。但从宏观角度来看,此时日军在新几内亚岛的作战是零星的、混乱的。美军潜艇大显神通,给日军开往中国的运兵船队造成了极大损失。美军带给中太平洋上马里亚纳群岛的威胁使日军继续增援新几内亚岛的希望破灭了。

占领霍兰迪亚不到一个月、占领托埃姆和瓦克德岛不足十天后,麦克阿瑟就发动了下一场旨在占领比亚克岛及其机场的"跳岛"作战。比亚克岛位于霍兰迪亚以西三百五十英里,距离瓦克德岛二百二十英里。美军进攻比亚克岛的作战进行得不顺利。与在霍兰迪亚作战时过分高估日军战斗力相反,美军在比亚克岛远

远低估了拥有一万一千人守备兵力的日军防线的战斗力。1944年5月27日,美军登陆时,虽然日军抵抗并不猛烈,但在往内陆开进并试图占领日军机场时,情况发生了转变。原来,日军为避免被美军海空火力打击而白白送死,并没有据守海滩。日军将主力部队都部署在能够拱卫机场的山洞和设置了战壕的高地上。日军发动的坦克反击战甚至一度切断了美军部分步兵的退路。尽管麦克阿瑟源源不断派来援军,但美军肃清比亚克岛的进程还是既缓慢又艰辛。1944年8月,美军终于以一万人伤亡的代价肃清了比亚克岛。其间,美军大部分伤亡都是疾病造成的,真正战死沙场的美军士兵只有大约四百人。可以说,美军在比亚克岛的遭遇是其在九个月后的1945年2月登陆硫黄岛的一次预演。

如果日军大本营能贯彻为时已晚的增援比亚克岛的决策,美军可能还要付出更沉重的代价。1944年6月初,日军置集中力量防守马里亚纳群岛的决策于不顾,准备从马里亚纳群岛抽出一支运兵船队前往比亚克岛,并投入大量飞机和战舰作为掩护。但日军收到了"美军在比亚克岛驻有一个航母战斗群"的错误情报,所以将舰队启程的日子推迟了五天。后来,日军舰队在第二次增援比亚克岛的途中真的遭遇了美军由驱逐舰、巡洋舰组成的舰队,于是,日军舰队就撤退了。日本当局闻讯立刻派遣包括超级战列舰"大和"号和"武藏"号在内的一支更强大的舰队赶来增援。但就在增援舰队抵达新几内亚岛附近海域的那一天,位于中太平洋的美国海军航母战斗群开始攻击马里亚纳群岛,迫使日军舰队回防以应对这一更大的威胁。据此,我们可以看出美国海军在太平洋战场采取两路进攻策略对日军形成巨大干扰的价值。

第5章 西南太平洋及缅甸获得解放

在占领比亚克群岛后,麦克阿瑟没有放慢前进的脚步,随即对附近的农福尔岛发动进攻。1944年7月2日,美军先动用海空力量进行了一番狂轰滥炸,然后派遣部队登陆。7月6日,美军将农福尔岛上三个日军机场全部占领。已经不再有空中支援的日军只得踏上向鸟头半岛西端撤退的道路。7月30日,在没有进行任何炮火准备或轰炸的情况下,麦克阿瑟派遣一个师在桑萨波角附近登陆。当时,美军已经得知,鸟头半岛上如此偏远的地区已经没有日军了。美军很快就开始建造自己的防御工事和机场。

通过"跳岛"进攻,美军现在已经开辟了通往菲律宾群岛的道路,并能得到三个位于新几内亚岛西端的美军机场的支援。美军自己没有对仍然滞留在新几内亚岛的日军五个师团的残部动手,而是让澳大利亚军队去消灭它们。

占领马里亚纳群岛

在雷蒙德·斯普鲁恩斯的指挥下,美国海军中太平洋部队开始进攻马里亚纳群岛。这是美军突破日军防线内圈的标志。若美军能占领马里亚纳群岛并从岛上起飞轰炸机,就可以轰炸菲律宾群岛和中国大陆的日军目标,甚至可以轰炸日本本土。不仅如此,通过占领马里亚纳群岛,美军还能给日本的海上交通线及其在南太平洋地区的统治带来致命威胁。

与塞班岛、天宁岛、关岛等配备有机场的岛屿一样,马里亚纳群岛的地位极其重要。塞班岛、天宁岛和关岛的日军分别是三万两千人、九千人和一万八千人。据称,日军还拥有多达

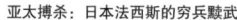

一千四百架飞机,但由于先前往新几内亚岛派出了很多,加上与马克·安德鲁·米切尔指挥的美军快速航空母舰编队的舰载机进行空战的损失,日军实际保有的飞机数量就更少了。即便如此,如果马里亚纳群岛的日军能从其他战区得到一些增援,还是有希望将战机数量提升至五百架的。日军在马里亚纳群岛的海军指挥官是小泽治三郎。其麾下的海军舰队分为三个战斗群:前卫舰队由栗田健男指挥,下辖战列舰四艘、轻型航空母舰三艘,另有若干巡洋舰与驱逐舰;小泽治三郎亲率三艘舰队型航空母舰和若干巡洋舰、驱逐舰;还有一支航空母舰预备队①,下辖舰队型航空母舰两艘、轻型航空母舰一艘、战列舰一艘、重巡洋舰一艘和轻巡洋舰、驱逐舰若干,由城岛高次少将指挥。日本人已经做好了抵挡美国海军跨过太平洋杀过来的准备,并指望借机设下陷阱摧毁雷蒙德·斯普鲁恩斯的海军力量,特别是打垮他的航空母舰。1943年8月,时任日本联合舰队司令的古贺峰一大将制订了这一计划,但他在1944年3月把司令部从特鲁克岛撤往菲律宾达沃的途中因水上飞机失事遇难了。古贺峰一大将死后,联合舰队司令的职位由丰田副武接替。丰田副武沿用并修改了古贺峰一的计划。丰田副武希望将美军航空母舰引诱至菲律宾以东海域,并在这里用小泽治三郎舰队强大的航空兵力量及从日控岛屿的机场起飞的陆基飞机钳形夹击美国海军。

1944年6月9日,美军舰队从马绍尔群岛出发,计划于6月15

---

① 也有资料认为日军马里亚纳海战编成只有两支舰队,即将小泽治三郎指挥的"甲"舰队与城岛高次指挥的"乙"舰队看成了一个整体。——译者注

第 5 章　西南太平洋及缅甸获得解放

日登陆塞班岛。两天后，马克·安德鲁·米切尔麾下的战机从航空母舰上起飞，对塞班岛狂轰滥炸。6月13日，美国海军的战列舰开始猛烈炮击塞班岛、天宁岛。与此同时，丰田副武开始下令执行"作战计划"，也就是上文提到的日军反击行动。为了反击美军，日军不得不放弃对比亚克岛和新几内亚岛的增援。

美军包括负责运输美国海军陆战队的三个师和美国陆军的一个作为预备队的船队，以及由十二艘护航航空母舰[①]、五艘战列舰、十一艘巡洋舰组成的护航编队。紧跟在这支舰队后面的是雷蒙德·斯普鲁恩斯率领、当时世界上最强大的美国海军第五舰队。第五舰队拥有七艘战列舰、二十一艘巡洋舰及六十九艘驱逐舰，加上马克·安德鲁·米切尔麾下由十五艘航空母舰、九百五十六架舰载机组成的四个航空母舰集群。美军将十三万地面作战部队从夏威夷和瓜达尔卡纳尔岛运送到马里亚纳群岛的任务组织、执行得很好。

1944年6月15日早晨，在美国海军大小舰艇猛烈的炮火和咆哮着发射火箭弹的战机掩护下，训练有素的美国海军陆战队的第一波攻击出现在塞班岛滩头。短短二十分钟内，就有八千名美军士兵上岸。虽然在黄昏时分登陆的美军已经达到两万人，但由于日军居高临下并且不时发动反击，美军只往前推进了很短一段距离。

除岛上的日本军之外，实际上，美军面临的更大威胁是1944年6月15日早晨美军潜艇在离塞班岛尚远的菲律宾海发现的、配

[①] 护航航空母舰是一种极具美国特色的战舰，通常由货船改装，具有航速慢、装甲薄、搭载飞机多的特点。美军前后共建造了一百多艘护航航空母舰。较著名的有"博格"级、"卡萨布兰卡"级等。——译者注

备有战列舰和航空母舰的日军舰队。雷蒙德·斯普鲁恩斯随即下令：取消登陆关岛的计划，将作为预备队的第二十七师送上塞班岛，加速夺取这一战略要地，并扫清通往更安全水道的运输线。美国海军第五舰队在天宁岛以西约一百八十英里的水域集结，但为了不错过日军舰队，美军舰船没有往更西侧的位置移动。

雷蒙德·斯普鲁恩斯这么做是明智的。丰田副武的计划现在看来可谓"天衣无缝"，但他不知道自己为美军设下的"铁钳"有一边已经不能用了——马克·安德鲁·米切尔麾下航空母舰的舰载机已将马里亚纳群岛的日军空中力量消灭殆尽。从1944年6月19日8时30分起，日军小泽治三郎舰队的航空母舰接连起飞了四个波次的舰载机部队。不幸的是，这些舰载机都被美军雷达发现。一方面，数以百计的美国舰载战斗机起飞迎战日军的舰载机攻击波；另一方面，马克·安德鲁·米切尔的舰载俯冲轰炸机开始攻击日军设在岛屿上的机场。这场大战在后来被戏称为"马里亚纳打火鸡"。在迎战日军这些菜鸟飞行员时，身经百战的美军飞行员优势十足，以损失二十九架飞机的代价击落日军二百一十八架飞机。美军潜艇发射鱼雷击沉了日军"翔鹤"号航空母舰、"瑞鹤"号航空母舰，令日军处境雪上加霜。

1944年6月20日下午，美军侦察机发现了仍然在战区"游荡"并坚信自己派出的飞机已经在关岛成功着陆的小泽治三郎舰队的残部。马克·安德鲁·米切尔明知此时派出飞机可能要到天黑才能返程①，但还是决定派出二百一十六架舰载机前往攻击。在侦察

---

① 天黑后不利于舰载机降落。——译者注

第5章 西南太平洋及缅甸获得解放

机发现日军舰队三小时后，美军舰载机开始攻击，以二十架飞机被击落、八十架飞机因夜间迷航而坠机（大部分机组人员都得救了）的代价取得了击沉日军舰队型航空母舰一艘，击伤舰队型航空母舰两艘、轻型航空母舰两艘、战列舰及重巡洋舰各一艘，摧毁六十五架日军飞机的辉煌战果。小泽治三郎的舰队往琉球群岛中部的冲绳岛方向逃窜。

日军在战役中已经损失了四百八十架飞机，占日军飞机总数的三分之一，并且绝大部分飞行员都战死了。1944年秋，尽管日军补充了一大批新飞机和航空母舰，但对日本来说，如此规模的舰载机和航空母舰被摧毁是一个很大的损失。更糟糕的是，装备损失了可以再造新的，但飞行员战死了就无法弥补了。日军付出的代价意味着其舰队在短期内作战能力会严重受限，并且不得不依赖于更老式的舰艇作战。

美军海军历史学家塞缪尔·莫里森认为，菲律宾海海战比随后的莱特湾海战具有更深远的意义，因为日军在菲律宾海海战中不仅遭遇大败，而且让美军扫清了通往菲律宾群岛的道路，美军占领马里亚纳群岛也就指日可待了。

虽然日军在马里亚纳群岛海空作战败局已定，但其驻扎在马里亚纳群岛上的守军仍在负隅顽抗。在强大海空力量的支援下，美军在塞班岛南部登陆的三个师仍坚定地向北推进。1944年6月25日，美军占领了塔波乔山制高点。7月6日，日军在塞班岛上的两名最高级别军官斋藤义次和南云忠一选择自杀"以励将士最后之进攻"。第二天，幸存的三千名日军官兵真的对美军阵地发动了一次失败的自杀式袭击。日军在塞班岛付出了伤亡两万六千多人

的代价,美军三千五百人战死,另有一万三千人或伤或病。

1944年7月23日,两个已经登上塞班岛的美军海军陆战队师乘船抵达天宁岛,并在一个星期后占领了天宁岛,尽管彻底清剿岛上日军花了更长时间。在登陆天宁岛三天前,这支美军曾接到登陆关岛的命令。后来,因为收到小泽治三郎舰队可能进行拦截的情报,这支美军被迫返航,但得到了一个陆军师的增援。虽然日军利用复杂的山洞防御体系拼死顽抗,美军还是在8月12日成功将岛上的日军消灭。

心高气傲的日本当局拒绝面对现实,但海战的失败及马里亚纳群岛落入美军之手无疑令日军元气大伤。然而,在日军遭遇战争的失败后,日本国内的形势出现了更富戏剧性的变化:1944年7月18日,东条英机辞去首相职务,他组织的内阁随之垮台。

四天后,小矶国昭大将重组内阁,将第一要务确定为更好地防范美国入侵。虽然侵华战争还要继续,但日军已经将重心转移到了菲律宾群岛的防务上了。如果丢失了偌大的菲律宾群岛,日本就无法从荷属东印度获取石油,这是"致命"的。

此时,尽管日本暂时还能得到荷属东印度的石油供应,但其油船因为被美国潜艇夜以继日地击沉,所以燃料供给开始出现短缺的状况了。大幅减少的燃油供应限制了日本培养新战斗机飞行员的训练计划,保护石油运输线的日军战舰被"困"在了新加坡港——一旦出港作战,它们甚至连回程的燃料都不够。

战争进行到这一阶段,美军大可以像恩斯特·金和另外几名美国海军主官建议的那样,跳过菲律宾群岛直接攻打台湾岛,或者先取硫黄岛再占冲绳岛。但政治因素和麦克阿瑟对于率军重返

第 5 章　西南太平洋及缅甸获得解放

菲律宾的强烈个人愿望与这些建议相左,并成功左右了美国的军事决策。

部分美军将领认为,正式对菲律宾群岛发起进攻前,必须先占领菲律宾群岛周边的几个"小目标"。按照美军原先制订的计划,美军要先占领新几内亚岛以西哈马黑拉岛附近的莫罗泰岛、帕劳群岛、雅浦岛和塔劳群岛。接着,美军要占领菲律宾群岛南面的大岛棉兰老岛。届时,美军将在棉兰老岛上建造对菲律宾群岛发动主攻时所需的海空基地。然而,1944年9月初,美国海军上将小威廉·哈尔西麾下的第三舰队——其实就是雷蒙德·斯普鲁恩斯的第五舰队,在指挥官易人[1]后番号随之更迭——发现日军在菲律宾海岸的防御十分薄弱。小威廉·哈尔西随即提出美军应该跳过"占领小岛"的中间阶段,直接进攻菲律宾群岛。但对莫罗泰岛、帕劳群岛、雅浦岛和塔劳群岛的作战还是以一种"额外保险"的模式被保留了下来——当时,这部分计划几乎已经在执行了。

麦克阿瑟从麾下部队中抽出一支特遣队,于1944年9月15日登上莫罗泰岛。美军在莫罗泰岛没有遭遇很激烈的抵抗——美国军用飞机10月4日就已经可以在莫罗泰岛上新建的军用机场起降了。就在同一天,小威廉·哈尔西也指挥美军中太平洋部队攻击了帕劳群岛,只用了几天就将其占领。这意味着美军就此获得了可以进攻棉兰老岛的前进机场——距离棉兰老岛仅五百英里,是棉兰老岛距离关岛路程的一半。

---

[1] 美国海军太平洋舰队司令切斯特·威廉·尼米兹将雷蒙德·斯普鲁恩斯调回了珍珠港。——译者注

亚太搏杀：日本法西斯的穷兵黩武

　　由麦克阿瑟和切斯特·威廉·尼米兹分别指挥的两路美国大军现在已经跨过太平洋并会师。两路大军彼此之间的距离不远，可以互相支援。此时，美军已经做好了重占菲律宾群岛的准备了。

　　为了防御菲律宾群岛，日军制订了"捷一号行动"。该计划由陆海两部分组成。首先，日军负责此次行动的陆军指挥官是曾在1941年到1942年横扫马来亚英军的山下奉文，现在他负责指挥配备由九个步兵师团、一个装甲师团、三个独立旅团外加第四航空军①组成的日本第十四方面军。此外，山下奉文还有权调度部署在马尼拉周围的海军部队，包括约两万五千名海军陆战队队员。

　　不过，"捷一号行动"的核心部分还是在海上。为了在海上打败美军，日军大本营可谓"倾其所有"：只要设法搞清楚美军的登陆地点，日军的航空母舰就要出击并吸引美军舰队北上。这时，山下奉文就要指挥日军地面部队先把美军地面部队拖住，再等另外两支日军舰队将美军"钳制住"。丰田副武认为，重视航空母舰甚于一切的美国人经常出动战列舰作为诱饵诱使对手出战。因此，一旦日军出动航空母舰作为诱饵，美国海军舰队一定会不顾一切地对日军航空母舰穷追猛打。

　　由于日本的航空作战力量当时已经江河日下，这一计划的执行自然受到了一些影响。但日本海军高层对战列舰一如既往的盲信还是促成了该计划。当时，日本拥有世界上最大的"大和"级战列舰"大和"号和"武藏"号，它们是日本海军将领无比骄傲

---

① 第二次世界大战期间，日本陆军航空队编成：航空总军—航空军—飞行师团—飞行团—飞行战队—飞行中队。——译者注

第5章 西南太平洋及缅甸获得解放

的资本。"大和"级战列舰排水量七万吨，三座主炮塔共配备九门十八英寸口径的主炮。这在世界上是绝无仅有的。与打造超级战列舰相比，对打造航空母舰及其舰载机编队的态度，日本海军就冷淡得多了。日本并没有像美国一样从战争初期的一系列局面中充分汲取经验，最后输掉了战争——这样的失败在历史上可谓多如繁星。

美军将作战提前了两个月，于1944年10月开始大举进攻菲律宾群岛。菲律宾群岛起自南部大如爱尔兰的棉兰老岛，止于北边小似英格兰的吕宋岛，绵延一千多英里。美军第一次攻击的目标是莱特岛这类偏小但位于群岛地理位置中心的岛屿，如此便能一举在日军防线上打开缺口。10月20日清晨，麦克阿瑟的部队——由沃尔特·克鲁格率领、以四个师组成的美国第六集团军——正式开始登陆作战。由海军上将托马斯·金凯德指挥的美国海军第七舰队——配备老式战列舰和小型护航航空母舰，是一支护航支援型舰队——负责美军登陆部队的运输护航工作。美军登陆部队同时得到了小威廉·哈尔西麾下第三舰队的支持与掩护。当时，第三舰队划分为三个作战集团，被分别部署在菲律宾群岛的东侧海域。第三舰队是美军的主力舰队，配备美军高航速的新式战列舰和大型航空母舰。

从1944年10月10日开始往后一个星期（美军正式开始进攻前），美国海军第三舰队的马克·安德鲁·米切尔航空母舰对冲绳岛、吕宋岛及台湾岛的日军发动了连番轰炸。美军的轰炸给日军造成了毁灭性打击，对后续战事产生了深远影响。与之相对的是日本政府在公报和广播电台中大肆吹捧的来自其飞行员对己

方战果夸大其词的宣传——已经在战争中击沉美军航空母舰十一艘、战列舰两艘及巡洋舰三艘。但实际情况是,美军航空母舰舰载机以损失七十九架飞机的代价摧毁了五百多架日军战机,并且美国海军舰船并未在作战中被击沉。日军大本营当时竟对这种夸大其词信以为真,将仅剩的所有兵力全部投入了"捷一号行动"。后来,日本海军发现前面的战果报告都不可信,便迅速撤退了。日本陆军对作战行动做出了永久性大改:铃木宗作麾下四个师团中的三个奉命留在菲律宾南部待命。然而,山下奉文的原计划是将这三个师团调往北部的吕宋岛作战。

日本当局有个"一旦遭到美军攻击,便集中海军全部力量与美军破釜沉舟决一死战"的计划。此时,机会来了:在莱特岛登陆作战开始前两天,一位美国高级军官发出的一份"明码电报",正好为日军的反攻提供了重要参考。

丰田副武认为,跟美军舰队决战的想法与赌博无异。日本海军战舰需要的石油全部来自荷属东印度群岛,而一旦美军在荷属东印度群岛站稳脚跟,就意味着日军的后勤补给线将被切断。在战后受审时,丰田副武对自己战时的决策做了以下说明:

> 若大势将去,我军舰队将不复存在,但仍有必要走这一着险棋……若我军在菲律宾群岛失败,南部交通线就会被切断。即便舰队侥幸不被全灭,也无弹药补给可用。若舰队撤回日本,虽然不乏弹药补给,但舰队又将无油可用。以此观之,放弃菲律宾群岛保舰队反倒是"丢帅保车"矣。

第5章 西南太平洋及缅甸获得解放

小泽治三郎的舰队充当诱饵,从日本南部沿海开赴菲律宾海域。这支日军舰队包括四艘尚可作战的航空母舰和两艘"航空战列舰"①。小泽治三郎舰队此时只剩下一百架飞机和一批菜鸟飞行员了,即便不充当诱饵,也无法在战斗中做出太多贡献。

日军在这场"豪赌"中更倚重从新加坡开来的由七艘战列舰、十三艘重巡洋舰和三艘轻巡洋舰组成的旧式舰队。指挥官栗田健男派西村祥治率领一支分舰队②走苏里高海峡从西南方向突入莱特湾,自己则率主力舰队从西北方向穿过圣贝纳迪诺海峡杀奔战场。栗田健男希望通过与西村祥治舰队形成"两颚",将麦克阿瑟的运输舰和护航舰尽数歼灭。

栗田健男觉得"大和"级战列舰的十八英寸主炮对付美军的老式战列舰如同"砍瓜切菜"一样简单,并且装甲甲板和分隔式舱壁③也赋予了"大和"级战列舰超强的生存能力,美军几乎不可能将其摧毁。况且要是小威廉·哈尔西的航空母舰不在,日军遭遇的空袭也不会很严重,他甚至还有"美军航空母舰会在日军舰队突入莱特湾时被引开"的幻想。日军将出击日期定在了1944年

---

① 这里是指世界上仅有的航空战列舰"伊势"号和"日向"号。它们原本是战列舰,后来经过多次改装,拥有了机库和弹射装置,可以起降经过特别改造的水上飞机和舰载轰炸机。如果轰炸机在航空战列舰上起飞就不能在航空战列舰降落,而需要在其他航空母舰的甲板上降落。——译者注
② 西村祥治舰队下辖战列舰"扶桑"号、"山城"号,重巡洋舰"最上"号及驱逐舰"山云"号、"满潮"号、"朝云"号和"时雨"号。最后,西村祥治舰队仅"时雨"号驱逐舰幸免于难,其他都被美军击沉。苏里高海战是人类历史上最后一次战列舰舰炮对射作战。——译者注
③ 一旦军舰中雷进水,可以立刻封闭相关舱段,这样海水就不会漫入船体其他部分,军舰也不会因此沉没。但如果受损超过一定程度,军舰航速就会受到很大影响。——译者注

10月25日。

然而，日军煞费苦心设下的诱饵并没有发挥作用。1944年10月23日夜，栗田健男舰队意外遭遇了美军SS-227"海鲫"号和SS-247"鲦鱼"号潜艇①。当时，两艘潜艇正浮上水面航行，巡视婆罗洲沿岸海域。察觉日军舰队后，两艘美国潜艇立刻全速向北航行，将日军舰队远远甩在后面。当第一缕晨光照耀到海面时，两艘美军潜艇立刻下潜至潜望镜深度，给日军舰队设下了埋伏。美军潜艇近距离朝日军舰队发射了鱼雷，击沉了日军重巡洋舰"爱宕"号和"摩耶"号，重创重巡洋舰"高雄"号。当时，栗田健男本人就在舰队旗舰"爱宕"号上。获救之后，他把旗舰改为"大和"号——他被这一突然袭击吓破了胆。此外，美国海军将领借此探明了日军舰队的动向与实力。

当栗田健男舰队遭遇美军潜艇袭击的消息传到小泽治三郎耳朵里的时候，他立刻用明码一再发报，称自己"正从北面靠近"，希望以此吸引小威廉·哈尔西的注意。然而，美军没有截获到该电报，其侦察机也因都被派到西面监视栗田健男舰队而没有侦察到小泽治三郎的舰队。

很快，小威廉·哈尔西麾下航空母舰的舰载轰炸机和鱼雷机就开始轮番出动攻击栗田健男舰队了。日本海军航空队的舰载机对美军飞机根本不构成威胁——只有从战场周围岛屿起飞赶来支援的日本陆基战机对美国舰载机形成了一些干扰。美军抵挡住了日军增援部队的进攻，更将其中近一半飞机击落。但美军付出了

---

① 二者都属于"猫鲨"级潜艇，是一款美军柴电动力常规潜艇。——译者注

第5章 西南太平洋及缅甸获得解放

放弃遭日军重创的轻型航空母舰"普林斯顿"号的代价。

对栗田健男舰队的攻击，美军舰载机取得了辉煌的战果。五轮进攻后，1944年10月24日下午，仿佛传说中的巨人"歌利亚"般庞大的"武藏"号战列舰被命中十九发鱼雷、十七枚炸弹后沉没。虽然美国飞行员报告称重创了另外三艘战列舰及重巡洋舰，但实际上美军仅重创一艘重巡洋舰，其余日军战舰在目睹"武藏"号的沉没后全速西逃了。

起初，看过飞机发回的报告后，小威廉·哈尔西认为栗田健男肯定要逃跑。但他接着就察觉到了一个问题：栗田健男出动的战舰中没有一艘是航空母舰。小威廉·哈尔西随即下令：派出侦察机，扩大搜索范围。果然，美军侦察机在1943年10月24日17时发现了正在南进的小泽治三郎舰队。小威廉·哈尔西决定贯彻其"先下手为强"的信条，向北进攻，争取在黎明时摧毁小泽治三郎舰队。为了"确保摧毁"小泽治三郎舰队，小威廉·哈尔西倾其所有，把原本用于防守圣贝纳迪诺海峡的军队也投入作战之中。

在小威廉·哈尔西对托马斯·金凯德下达作战信号十五分钟后，一架夜间侦察机发回报告：栗田健男命令舰队已经调转，高速驶往圣贝纳迪诺海峡。此时，小威廉·哈尔西对这份报告采取了无视的态度，这正符合他在战争初期被人家取的外号"蛮牛"——只要有机会大胆冒险，他就会自动无视掉一切其他可能性。

栗田健男的撤退行动其实只是为了在天黑前逃出美军舰载机攻击范围的权宜之计，他原本就抱定了以暗夜作为掩护强行通过战区的想法。与小威廉·哈尔西麾下的飞行员发回的报告相反，除了损失了"武藏"号战列舰，栗田健男的舰队整体损失并不大。

时间很快来到了1943年10月24日23时，小威廉·哈尔西的舰队已经向北开出一百六十英里。美军侦察机再次发现了正往圣贝纳迪诺海峡进发的栗田健男舰队的位置——离圣贝纳迪诺海峡只有四十英里了。现在，小威廉·哈尔西不能对栗田健男采取"完全无视"的态度，但鉴于日军舰队在之前的作战中"已经损失惨重"，现在再来进攻无非送死。因此，他想当然地认为，托马斯·金凯德指挥的舰队绝对有打退这样一股受损严重的日军舰队的能力，自然也没把栗田健男太放在心上。

美军到头来还是一口咬住了日军精心为其设下的诱饵，尽管比日本人希望的时间要晚了一些。

由于日军与美军对形势的判断都出现了失误，托马斯·金凯德和舰队现在正处于极度危险的状态之中。首先，突入苏里高海峡的西村祥治舰队引起了托马斯·金凯德的注意。托马斯·金凯德决心集中力量应对来自西村祥治舰队的威胁。托马斯·金凯德推测小威廉·哈尔西的舰队仍然守卫着通往圣贝纳迪诺海峡的北部水道——他此时还不知道小威廉·哈尔西把部分舰队都调走了。更糟糕的是，托马斯·金凯德也没有往圣贝纳迪诺海峡以北派出侦察机，侦察日军动向。

经过一夜苦战，美军利用远优于日军的先进雷达打垮了西村祥治的舰队。为了穿越狭窄的苏里高海峡水道，日军舰队排成长列航行。这样一来，杰西·巴雷特·奥尔登多夫麾下的战列舰就

第 5 章 西南太平洋及缅甸获得解放

能抢占"T字横头"①，朝日军战舰集火射击。日军的两艘战列舰"扶桑"号和"山城"号都被击沉，整个西村祥治舰队几乎被全歼。当夜色渐渐褪去，光明重新笼罩苏里高海峡上空时，整片海域已经不见日军的踪影，只留下片片残骸和泄漏出的燃油浮于寂静的海面上。

刚给杰西·巴雷特·奥尔登多夫发去贺电没多久，托马斯·金凯德就收到了发现规模更大的日军主力舰队——栗田健男舰队的主力——已经穿过圣贝纳迪诺海峡，从西北方向杀奔过来的消息。日军舰队目前正在与萨马岛东海岸的托马斯·金凯德舰队的部分军舰作战，它们之所以留在这里，是因为担负着掩护麦克阿瑟在莱特岛登陆的任务。

与日军交战的托马斯·金凯德的掩护舰队由六艘商船改造的护航航空母舰和驱逐舰组成。只靠这样的二线战斗力无法抵挡日军进攻，因此舰队只能冒着巨人般的"大和"号等四艘日军战列舰炮管中喷射的弹雨南撤。

得知这个坏消息后，1944年10月25日8时30分，托马斯·金凯德给小威廉·哈尔西发了电报："我们需要立刻往莱特湾派遣快速战列舰。"10月25日9时，托马斯·金凯德又发了一封电报。这次，他连密语都不用了，直接用明码求救。但小威廉·哈尔西已经下定决心一定要打垮小泽治三郎的舰队，因此执意北进——

---

① 在海上作战的舰炮时代，理想的交战位置仿佛英语字母"T"上面一横，即我方舰队呈一横排，敌方舰队呈一纵列。这样一来，我方舰队主炮和一侧的副炮都可以获得良好的射击角度。敌方舰只有战舰最前方的主炮和数量有限的副炮能够还击，否则容易误伤自己人。——译者注

143

小威廉·哈尔西始终觉得掩护舰队的护航航空母舰的舰载机足以抵挡栗田健男舰队的袭击，足以撑到有六艘战列舰的托马斯·金凯德舰队主力赶去支援。不过，当时小威廉·哈尔西其实也命令位于加罗林群岛的约翰·麦凯恩将军派出一支由巡洋舰和航空母舰组成的舰队支援托马斯·金凯德。然而，远水难救近火——约翰·麦凯恩的舰队离托马斯·金凯德有四百英里，比小威廉·哈尔西当时所处的位置还要远五十英里。

南进的栗田健男舰队遇上了"钉子"——几艘小小的美国驱逐舰竟要一边掩护己方护航航空母舰及舰载机撤退，一边英勇地阻击日军舰队。最后，虽然美军三艘驱逐舰及一艘护航航空母舰被击沉、其余战舰都有损伤，但幸存的战舰总算都逃离了战场。

1943年10月25日9时，栗田健男舰队不再追击美军残余舰队，转头扑向停放大量极易遭到攻击的美军登陆舰、运输船的莱特湾。此时，日军舰队离莱特湾的入口仅仅不到三十英里了。

栗田健男下令舰队在攻击开始前停下，以此将舰艇集中起来——日军舰艇此前边打边跑，彼此已经散开。可美军错把日军舰队航向转变、停止前进的举措判定为对方在己方航空部队和驱逐舰的紧逼下撤退的表现。不久，美军就失望了。托马斯·金凯德再次向小威廉·哈尔西发出紧急求救电报："局势十万火急，我麾下的护航航空母舰再次面临敌人水面舰艇编队的威胁。我的护航航空母舰正在退入莱特湾，急需你的帮助。"

这次，小威廉·哈尔西终于满足了托马斯·金凯德的要求。时间到了1943年10月25日11时15分，此时小威廉·哈尔西指挥美军飞机痛击过小泽治三郎指挥的舰队。小威廉·哈尔西虽然很想命令战列舰用火炮将日军全歼,但还是忍住了,命令六艘快速战列舰和三个航母战斗群中的一个回去支援托马斯·金凯德。但因为穷追猛打小泽治三郎舰队,小威廉·哈尔西的舰队已经向北开了很远,增援部队已经没法在第二天清晨前到达莱特湾了——就算是约翰·麦凯恩舰队的航空母舰,也要在几小时后才能驶入舰载机的攻击范围,而栗田健男正午便可率领舰队逼近莱特湾。对于美军来说,莱特湾局势十分棘手。

然而,一切突然峰回路转。栗田健男忽然指挥舰队调头向北开走了,再也没有回来。他之所以这么做,是因为己方情报被美军截获和这个坏消息对他心里产生动摇的双重作用。当时,栗田健男先是截获了一份无线电呼叫,称美军护航航空母舰的舰载机在莱特岛着陆了。栗田健男的脑海中随即浮现出这样一幅场景:美军早就借助莱特岛策划了一场准备充分、更加集中的攻击,目的就是干掉他的舰队。其实,这只是美军为了避免让舰载机随着航空母舰一起被击沉采取的权宜之计罢了。接着,他又截获了托马斯·金凯德发给小威廉·哈尔西的明码求救电报。因为已经与小泽治三郎失联,彼此状况不通,栗田健男做出了小威廉·哈尔西舰队已经往南行驶了三个多小时的错误判断。此外,栗田健男也为自己舰队缺乏航空兵掩护一事忧心忡忡。

造成栗田健男做出错误判断最关键的原因是手头的情报混乱不堪。他误认为美军一部分救援部队已经杀到了离自己北面仅仅七十英里、已经接近圣贝纳迪诺海峡的退路了。为了应对这想象中的威胁,栗田健男只能放弃进攻莱特湾,在美军增援赶到、自己退路被封锁前就朝北撤退了。

历史上有很多仅靠军事主官主观臆断而不根据事实做出判断就决定战局胜负的事例。战局给一个军事主官留下的这种"主观印象",往往比他的部队遭受的任何真刀实枪的打击及打击带来的效果更能影响他对现状的判断。

心急如焚的栗田健男赶到了圣贝纳迪诺海峡,却没在这里发现美军的踪迹。他赶快命令舰队通过海峡往西逃遁。此时已经是1943年10月25日22时。日军舰队为躲避频繁的美军空袭耽搁了不少时间,但仍比小威廉·哈尔西的救兵赶到圣贝纳迪诺海峡早了三个小时。

虽然没能猎杀到斩获甚微的日军栗田健男舰队的战列舰,但美军还是得到了补偿——毕竟击沉了日军剩下的全部四艘航空母舰:1943年10月25日9时30分,马克·安德鲁·米切尔第一次空袭就击沉了日军的"千岁"号航空母舰。另外,"千代田"号航空母舰、"瑞鹤"号航空母舰和"瑞凤"号航空母舰则在下午被击沉。当时,小威廉·哈尔西已经分出部分救援舰队调头增援莱特湾了。

如果把上述四场独立的战斗看作一个整体,那么莱特湾海战是人类历史上规模最大的海战了。双方参战舰艇数量总计二百八十二艘,另有数百架飞机。而此前的日德兰海战的规模只有二百五十艘舰艇外加五架水上飞机。如果说1944年6月的菲律宾海海战因对日军海空力量造成毁灭性打击而更有意义的话,莱特湾海战则是彻底决定战局、收获胜利成果的战役。日军在莱特湾战役中损失四艘航空母舰、三艘战列舰、六艘重巡洋舰、三艘轻巡洋舰和八艘驱逐舰,而美军仅损失一艘轻型航空母舰、两艘护航航空母舰和三艘驱逐舰。

第5章 西南太平洋及缅甸获得解放

有一点值得一提：一种很难招架的新战术在莱特湾海战中被首次应用。托马斯·金凯德麾下第七舰队的护航航空母舰虽然避免栗田健男"中央部队"出其不意的压倒性攻势（栗田健男最终率领舰队调头撤出了圣贝纳迪诺海峡），但紧接着就遭到了有组织的"神风特攻队"自杀式袭击。这种自杀式袭击由"自愿"参加"神风特攻队"的日军飞行员执行。他们驾驶飞机冲撞美军军舰，令美军军舰因日军飞机里的燃料和搭载的弹药爆炸而着火。日军舰队第一次攻击虽然只击沉了一艘美国护航航空母舰，但导致另外几艘被撞伤。

美军的主要收获就是击沉了小泽治三郎的四艘装载舰载机的航空母舰。剩下的六艘日军战列舰没了航空母舰的支持自然也发挥不了作用，在随后的战斗中没有再立下一点儿功劳。因此，虽然小威廉·哈尔西往北猛冲看起来是置美军在莱特湾舰队于危险境地，实际上恰恰又是正确之举。战列舰已经成为一种大而无当的过时兵器，靠它已经无法主宰海战的胜负了。在第二次世界大战期间，只有轰炸敌人的海岸部队时，战列舰才能彰显自己的价值。然而，具有讽刺意味的是，以前的一些专家反倒认为战列舰不适合执行这一类任务，甚至认为在执行轰炸敌人的海岸部队时，有被击沉的风险。

等日军终于下定决心将莱特岛作为保卫菲律宾群岛的核心而战时，一切都已经晚了。日军计划把驻扎在吕宋岛的近三个师团兵力调到莱特岛来时，美军依托已经控制的登陆点，已经扩大了地盘。美军先是依托登陆点出击，占领了位于莱特岛东岸杜拉格和塔克洛班的机场。接着，美军两路出击，1944年11月2日到达位

于莱特岛北岸的卡里加拉湾和位于东海岸中部的阿布约。美军不但占领了日军所有的五个机场，使兵力为一个师团的日军方寸大乱，还顺带破坏了铃木宗作的第三十五军将各增援师团集中在卡里加拉平原地区的计划。

接下来，沃尔特·克鲁格将率军沿着莱特岛岛屿山脊线两侧扫荡，占领日军设在西海岸上的主要基地奥尔莫克。但当时天降大雨，因无法利用已经占领的机场集结部队，美军不得不放弃奥尔莫克。

此前，两个师团的日军增援部队1944年11月9日在奥尔莫克登陆。后来，在美军的打击下，日军的运输船和护航编队虽然损失惨重，但还是将更多增援部队送到了莱特岛上。12月初，日军在莱特岛上的防御兵力已经从一万五千人增至六万人。不过，沃尔特·克鲁格的兵力更多，达到了十八万人以上。为了让日军分心，进而加快部队的进攻速度，沃尔特·克鲁格命令一个新编师在奥尔莫克以西的海岸登陆。三天后，即12月10日，美军只遭遇了轻微抵抗就占领了日军设在奥尔莫克的港口基地。由饿着肚子打仗的日军把守的防线很快就土崩瓦解了。等到过圣诞节的时候，莱特岛上有组织的日军抵抗就不复存在了。面对急转直下的战局和越打越少的兵力，山下奉文改变了策略。他要坚持自己的初衷，集中兵力防守最主要的吕宋岛。

值此关键时刻，隶属小威廉·哈尔西第三舰队麾下的三个快速航母战斗群一直在靠近菲律宾群岛的海域停泊，并冒着愈演愈烈的日军"神风特攻队"的袭击，不断为麦克阿瑟的地面部队提供帮助。不少军舰被自杀式飞机撞伤，两艘美国航空母舰还不得

第5章 西南太平洋及缅甸获得解放

不因此回港大修,直到1944年11月的最后一周才重返战场。

作为对主要进攻目标吕宋岛发起进攻前的准备,麦克阿瑟准备先占领民都洛岛,并在岛上为自己指挥的第五航空军修建机场。美军飞机可以从民都洛岛起飞,为走海路进攻吕宋岛的登陆部队提供掩护。这很冒险,因为民都洛岛距离莱特岛三百英里,但距离日军部署在吕宋岛的机场,特别是马尼拉附近的日军机场群近得多。但民都洛岛上的日军兵力仅有约一百人,岛上还有四个已经被日军放弃的小型机场。1944年12月15日,美军登陆民都洛岛,数小时就占领了四座机场,并很快将四座机场重新投入使用。不到月底,美国陆军航空队就进驻民都洛岛了。小威廉·哈尔西的快速航空母舰编队为美军进展的加速立下了汗马功劳。美军利用舰载轰炸机轰炸日军设在吕宋岛的机场,成功用舰载战斗机阻止了日军轰炸机对民都洛岛及其海上通道的轰炸。1945年1月3日,从各个地方集结一处的美军大型舰队,共计一百六十四艘舰艇,包括战列舰六艘、护航航空母舰十七艘,在托马斯·金凯德和杰西·巴雷特·奥尔登多夫指挥下从莱特湾出发,1月9日抵达位于马尼拉以北一百一十英里、四年前日军入侵菲律宾的起点仁牙因湾。1月10日清晨,沃尔特·克鲁格指挥美国第六集团军的四个师(随后又增加了两个师)开始在仁牙因湾登陆。

小威廉·哈尔西麾下的快速航空母舰对美军登陆帮助很大,特别是在抵御当时对美军舰艇造成日益严重损失的"神风特攻队"上。完成了掩护美军在仁牙因湾的登陆任务以后,美军航空母舰又进入南海海域,发动了一场猛烈的大空袭,将日军设在印度支那、中国南部、中国香港、中国台湾和冲绳岛的基地和船舶通通摧毁,

释放出"日军在南方的占领区是可以被攻破的"的信号。

沃尔特·克鲁格指挥的美军地面部队此时正从仁牙因湾往南向马尼拉推进,一路上遭遇了日军的猛烈抵抗。为了加快进度并切断日军撤往巴丹半岛的退路,1945年1月29日,麦克阿瑟把一个军送上了巴丹半岛附近的地区。两天后,一个美国空降师在距离马尼拉南部约四十英里的纳苏格布空降,没有遭遇任何抵抗。就在美军空降兵向马尼拉推进时,沃尔特·克鲁格的部队已经进至马尼拉城郊。山下奉文弃城,率军退入大山之中。

岩渊三次少将仍守卫着马尼拉的海军基地。他不服从上司山下奉文放弃马尼拉的军令,而是发疯似的和美军打了一个月的惨烈巷战。直到1945年3月4日,美军才真正肃清马尼拉的日军,但马尼拉城也因此遭到严重破坏。在此期间,美军占领了巴丹半岛,收复了科雷希多岛。日军在这座要塞式岛屿上坚持了十天。1945年3月中旬,马尼拉港便可以对美国舰船开放了,但在吕宋岛、棉兰老岛和菲律宾南部其他一些较小的岛屿上,对日军残部的清剿工作还远未停止[①]……

硫黄岛战役

美军迫不及待地想在夺取菲律宾群岛的战略要地后更进一

[①] 事实上,在有组织的集体抵抗被美军摧毁后,还有为数不少的日军小分队因所处交通闭塞、消息不通,并不知道主力部队已被消灭,甚至不知道自己的国家已在1945年8月15日投降。他们仍然坚持游击战,靠抢劫和偷盗维持生计。——译者注

步,直击日本本土,放弃麦克阿瑟之前的"先占领日军控制下的台湾岛或者中国大陆东南沿海地区作为进攻日本本土的前进空军基地"的想法。但参谋长联席会议的高官一致认为有必要占领位于塞班岛和东京之间的中点,即位于小笠原群岛中的硫黄岛。另外,日本西南部和台湾岛之间的中点,即琉球列岛的冲绳岛也有必要占领。美军计划将这两个岛屿当作基地,在对日本战略轰炸中充当"战略垫脚石"。

美军认为攻占硫黄岛的难度稍低,因此决定先对硫黄岛下手。美军觊觎硫黄岛,因为它可以作为1944年11月下旬以后B-29"超级空中堡垒"式轰炸机从马里亚纳群岛起飞轰炸东京后撤离战场时的紧急着陆点。如果从马里亚纳群岛起飞,美军战斗机的航程就不足以支撑对轰炸机的全程护航飞行了。因此,夺取硫黄岛后,战斗机可以从硫黄岛起飞,为友军轰炸机提供护航。

硫黄岛是个火山岛,只有四英里长,岛上除日军外就没有人烟了。1944年9月前,硫黄岛的日军还不是很多,无法长期坚持。但之后,岛上的日军逐渐增至两万五千人。硫黄岛上的日军指挥官栗林忠道把日军在岛上的防御发展为以隧道彼此相连的复杂山洞体系。由于美军压倒性的海空优势,增援遥遥无期。于是,栗林忠道一心想避免开展代价惨重的"反攻",只好靠坚兵深垒尽可能多地支撑一些时日。

切斯特·威廉·尼米兹将夺取硫黄岛的重任交给了雷蒙德·斯普鲁恩斯。1945年1月的最后一个星期,雷蒙德·斯普鲁恩斯接替小威廉·哈尔西担任第三舰队司令——舰队此时已经改叫第五舰队。雷蒙德·斯普鲁恩斯还得到了三个海军陆战队师作为

登陆后进行地面作战的兵力。对硫黄岛进行的海空火力准备是太平洋战争进行至今最长的。从1944年12月8日起,每天白天空袭,从1945年1月3日开始增强为每天昼夜空袭。在登陆开始三天前,美军还动用海军舰炮对硫黄岛上日军进行密集轰击。但美军的一切努力令人失望:日军工事受到的影响甚微。2月19日,美国海军陆战队登陆时遭到日军密集的迫击炮和火炮轰击,一度被牢牢压制在滩头。已经登上海滩的三万名陆战队员仅在第一天就减少两千五百人。

接下来的几天,凭借充分而持续的强大海空火力支援,美国海军陆战队队员缓慢地向前推进——为此甚至把正在轰炸东京的马克·安德鲁·米切尔的快速航空母舰改调硫黄岛,为地面部队增强支援火力。经过五个星期的殊死奋战,美军终于在1945年3月26日攻下了硫黄岛。此时,美军伤亡人数已经上升到两万六千名,占美军登陆总兵力的三分之一。日军负隅顽抗,两万一千人战死,被美军俘虏的不到两百人。美军对硫黄岛上几个口袋形阵地的扫荡工作持续了两个多月。这时,日军已经有两万五千余人战死,被俘的仅有一千人。1945年3月底,硫黄岛上已经建起了三个美军机场。直到第二次世界大战结束,美国的B-29"超级空中堡垒"式轰炸机在硫黄岛上降落约两万四千次。

1945年5月缅甸地区的战斗:从因帕尔到盟军收复仰光

1944年春,虽然日军在因帕尔的反击意图被盟军挫败,但情况还没有糟糕到动摇日军对缅甸的控制。英军能否将日军赶出缅

第 5 章 西南太平洋及缅甸获得解放

甸，主要取决于英军能否有效追击日军。为了咬住日军的尾巴，英军必须保障充足的后勤供应。

根据联合参谋部于1944年6月3日下达的命令，蒙巴顿的任务是加强与中国通过航空交通线建立起来的联系，并利用已经调拨给他的部队打开一条通往中国的陆上通道。虽然命令中没有特别提及"收复缅甸"，但"收复缅甸"早已被提上日程。英军正在已经设计好的两个方案中做选择，一是利用大规模地全面进攻重掌缅甸中部与北部的"首都行动"，一是利用两栖登陆作战占领缅甸南部的"吸血鬼行动"。"吸血鬼行动"的成功概率更大，但执行时要依赖外部补给。因此，以威廉·斯利姆为代表的英军和美军更愿意采用只依赖地面部队进攻的"首都行动"。盟军虽然下达了要为两种计划都做准备的命令，实际上还是把重心放在了"首都行动"上。

当时，虽然印度已经被打造成了一个主要的反攻基地，交通状况有了很大改善，但如果英军希望以印度为基地进攻缅甸并取得速胜，则还要做很多其他准备。问题的关键不在于战术，而是后勤保障。虽然内陆河湖的水上运输状况已经改善了很多，但威廉·斯利姆指挥的英国第十四集团军还是要依靠美国运输机提供的空投。

1944年下半年，英国人将工作重心放在改进后勤和改组指挥权方面。其中比较重要的工作之一，是将空运补给事项划拨给统一的"战斗运输特遣队"指挥部，情报工作经过改变，变得协调一致，原有的"特种部队"则被解散。1944年10月，随着史迪威

与蒋介石矛盾激化①并最终被召回，英军也加速了改组工作的进程。替代史迪威职务的是魏德迈将军。11月，曾在意大利指挥英国第八集团军的奥利弗·利斯改任盟军东南亚地面部队总司令，受蒙巴顿指挥。

1944年10月中旬，雨季过去，地面渐干。威廉·斯利姆开始执行向中路进军的"首都行动"。英军在卡包河河谷南端集中蒙塔古·斯托普福德的第三十三军向前推进，占领位于因帕尔以南一百三十英里的吉灵庙和葛礼瓦。第三十三军随即得到由弗兰克·梅瑟维指挥的第四军支援，乘胜追击一百六十英里，一直追到了望濑和曼德勒。日军大本营此时面临美军对菲律宾的海上进攻和对本土日益紧逼的威胁。日军大本营尽管给木村兵太郎②司令官下了"坚守防线，不让盟军打通滇缅公路或在马来亚继续前进"的命令，但其实已经拿不出兵力增援由木村兵太郎率领的缅甸方面军了。日军在因帕尔消耗过大，几乎不可能完成这样的防守任务。在战场中路，第十五军麾下四个人数加起来不足两万一千人兵力的缺编师团将和盟军八九个强师抗衡。唯一可能援助第十五军的是部署在缅甸南部的一个师团，但如果真的要调动这个师团，仰光就将失

---

① 中国在盟军的战略中被单独划作"中国战区"，蒋介石担任司令，史迪威担任参谋长。史迪威多次向蒋介石提出建议，但与蒋介石在人事、战略等根本问题上存在分歧。此前，蒋介石已经多次利用会见美国特使的机会要求将其撤换，均未成功。——译者注

② 木村兵太郎，第二次世界大战甲级战犯，东条英机手下"三奸四愚（铃木贞一、加藤泊治郎、四方谅二、木村兵太郎、佐藤贤了、真田穰一郎和赤松贞雄）"之一。因行事作风和战争罪行落了"机器次官""缅甸屠夫"的外号。被英军打败后，木村兵太郎只身逃走。第二次世界大战结束后，他被远东国际军事法庭判处死刑，并被执行绞刑。——译者注

第5章 西南太平洋及缅甸获得解放

去保护。因为要为"吸血鬼行动"做准备,威廉·斯利姆就不能在这次行动中动用手头上的某些部队。不过,英军掌握绝对控制权,可以投入数量较多、战斗力较强的部队,并得到更强悍的装甲部队的支援。日军全面权衡利弊,认为必须从缅北撤军,但仍对守住并掩护曼德勒到仁安羌油田防线(意味着往南撤退到一百四十英里外的伊洛瓦底江一带)抱有希望。

英军持续推进中路进攻的策略,并在阿拉干和缅北进行的两场次要战役中都打了胜仗。

菲利普·克里斯蒂森第十五军的目标是雨季一过就肃清阿拉干的日军,进而占领阿恰布,夺取阿恰布的空军基地,然后命令士兵投入主要战场的作战。菲利普·克里斯蒂森指挥三个强师迎战樱井省三指挥的由两个缺编师团组成的所谓"第二十八军"。1944年12月11日,英军进攻开始。12月23日,英军迅速占领了半岛端点的栋拜,一个星期后又占领了梅宇河东岸的拉代当。此时,菲利普·克里斯蒂森正用三个强师肃清缅甸内陆的加拉丹河河谷的日军。当时,日军正撤出阿拉干,所以英军遇到的抵抗很弱,这有利于对阿恰布的占领计划。1945年1月4日,英军占领了阿恰布,此时日军早就弃城逃跑了。

因为当时的情况要求拥有更多的空军基地,所以菲利普·克里斯蒂森开始制订占领位于自己南方七十英里外的兰里岛的计划。1944年12月21日,英军轻易就占领了兰里岛,因为日军的重点并不在此——日军主要考虑如何守住通往伊洛瓦底江下游的山口,阻挡英军的中路突破。日军后来一直坚持到了1945年4月。如果不是日军一直坚守阵地,樱井省三已经被冲散的部队就撤不出阿拉干了。而这部分日军能够守住伊洛瓦底江下游的山口，也是因为菲利普·克里斯蒂森当时集中精力为"吸血鬼行动"做准备——大部队早就撤走了。

1944年，蒋介石领导的国民党军队连连失利[①]。这导致"三叉戟会议"中途经"驼峰航线"优先为中国军队空运物资政策发生改变。盟军对中国援助的重点已经从在中国部署美国战略空中力量转移到了中国军队的建设上。在中国西部的云南省，有时一个日军师团的战斗力可以抵挡十二个中国师的反攻，人员交换比竟高达一比七！

1944年春，在缅北前线，为了穿过密支那袭击滇缅公路北侧的日军，史迪威的部队（绝大部分是中国士兵）迎战本多政材第三十三军的三个缺编师团，但取得的成效并不大。随着秋季到来，这一状况得到了改观。当时已经疲惫不堪的"钦迪队"被由英印部队混编的第三十六师接替，大部分中国师奉命调回本土支援抗日战争了。自从魏德迈接替了史迪威后，另一名新上任的美国指挥官丹尼尔·索尔坦主持"北部作战方面司令部"的状况同样有所改善。

1944年12月，丹尼尔·索尔坦的部队（包括当时留在缅甸的两个中国师）进展很快，把本多政材的残部逼得向西南方的曼德勒撤退。1945年1月中旬，滇缅公路中部偏西地带的日军已经被肃清。4月，盟军已经将曼德勒到中国的公路线全线打通。

---

① 指1944年国民党军队在豫中会战、长衡会战及桂柳会战等战役中遭遇的一系列失败。——译者注

第5章　西南太平洋及缅甸获得解放

1944年11月中旬，蒙塔古·斯托普福德的第三十三军在钦敦江上建立了一个桥头堡，弗兰克·梅瑟维的第四军接着就向东插进瑞保到曼德勒的平原，并在英多西北的班茂与弗朗西斯·费斯汀的第三十六师（当时第三十六师已经往南推进到英多和伊洛瓦底江沿岸的杰沙）会师。在此期间，英军没有遭遇顽强抵抗。从中，我们可以得出结论：日军正撤出瑞保平原，退往靠近曼德勒的伊洛瓦底江沿岸阵地。这样一来，威廉·斯利姆计划利用空旷平原地带调动优势装甲力量、火炮和航空兵围歼日军的计划就落空了。因此，他只能重新制订计划：命令蒙塔古·斯托普福德的第三十三军（四个师）从北面向曼德勒施压，并占领伊洛瓦底江上的渡口；同时，第四军（三个师）从吉灵庙南进，悄悄地穿过密沙河河谷，然后从甘高向东南开进，在伊洛瓦底江下游靠近木各县的位置占领渡口，绕过日军曼德勒防线，在其后方的密铁拉附近建立一条战略性防线，封锁日军往南逃往仰光的退路和补给线。英军一整套中路战线包围计划能否成功的关键取决于后勤，特别是空运补给是否充足。

时间很快来到了1945年初。英国第四军正准备对日军发动一次深入的侧翼包抄行动。同时，蒙塔古·斯托普福德指挥第三十三军继续往南，朝曼德勒开进。1月10日，英军抵达并占领了瑞保。1月22日，英军占领了钦敦江沿岸的望濑。蒙塔古·斯托普福德的另一个师则在曼德勒以北五十英里至七十英里处成功渡过伊洛瓦底江，形成了三面威胁曼德勒的态势。当时，日军只在曼德勒对面驻扎着一个分遣队，其余部队都在伊洛瓦底江以东集结。

威廉·斯利姆的新计划执行得几乎天衣无缝。1945年2月10

日,弗兰克·梅瑟维的部队占领木各县附近的坎拉就是大行动即将开始的信号。2月14日,为弗兰克·梅瑟维主力部队打头阵的师占领了木各县以南靠近良乌的一个桥头堡。守桥头堡的印度国民军战斗力不强,很快被英军消灭了。2月24日,在戴维·科万将军的带领下,英军突击部队(摩托化第十七师,外加一个坦克旅)占领东沙,2月28日杀到了密铁拉市郊。戴维·科万的部队曾暂时因东沙被日军一支特遣部队重新占领而被切断后路,但英军仍可以通过空投得到补给。经过两天的战斗,英军在1945年3月3日重新占领了密铁拉。戴维·科万尽力通过派遣配备坦克的小股步兵纵队抢夺战场主动权,从各个不同的方向连续袭击,日军因此陷入混乱。

日军的局势已经十分危急:不仅受到来自曼德勒周围的英军的重压,地面部队人数也比盟军少,后勤供给线也被切断了,并且大部分部队都没有空中掩护。然而,日军反击很猛烈。盟军多次攻打日军在曼德勒的据点达弗林堡,均被击退。接着,为了恢复交通线,日军拼命在密铁拉发动了一场反攻。当时已经从缅北和滇缅公路一带撤出的本多政材第三十三军的三个师团中的两个从南向北进攻,另一个从曼德勒往南进攻。1945年3月中旬,日军的反攻眼看就要得手,但3月底被英军击退,最终不得不放弃反攻。3月20日,蒙塔古·斯托普福德最终成功占领了达弗林堡和曼德勒。日军第十五军感觉大势已去,就放弃坚守曼德勒的意图,向南撤退了。英军控制了缅甸中部,通往仰光的大门已经敞开。英国两个军在数周激战中付出了约一万人伤亡的代价。然而,日军的伤亡更大,官兵减员三分之一(日军本来就已经被大大削弱了)。"屋漏偏逢连夜雨",在沿着一条漫长而又蜿蜒的道路向

第 5 章 西南太平洋及缅甸获得解放

东面的掸邦丘陵撤退时，日军又丢掉了武器装备。因此，日军继续负隅顽抗的前景更加黯淡了。

英军必须抓住机会，尽快占领仰光，因为雨季很快又要来临，美军的运输机也将在1945年6月初离开缅甸，赶赴中国战场。仰光到密铁拉有三百英里的距离，如果英军无法在美国运输机离开缅甸前在缅甸南部占领一个可供开辟海上运输线的港口，那么威廉·斯利姆的第十四军已经被拉得长长的补给线就一定会崩溃。为防威廉·斯利姆部队不能及时抵达仰光，1945年4月3日，蒙巴顿做出了5月执行"吸血鬼行动"的决定。蒙巴顿决定主要由菲利普·克里斯蒂森麾下一个配备一个中型坦克团和一个廓尔喀伞兵营的师执行该行动。

威廉·斯利姆制订了从密铁拉、曼德勒乘胜南下的作战计划：弗兰克·梅瑟维的第四军沿着主要公路、铁路交通线向前推进，依靠美军空投获取补给；蒙塔古·斯托普福德率领第三十三军沿伊洛瓦底江两岸进发，通过内河运输获取补给。

日军将守住伊洛瓦底江的希望寄托在从阿拉干赶来的第二十八军上，把阻挡弗兰克·梅瑟维的部队的任务安排给另外两个军的残部。事实证明，日军靠残兵败将打仗的想法只是一厢情愿。威廉·斯利姆麾下原先只当作预备队使用的第五师现在充当先头部队，1945年4月14日占领了密铁拉南部约四十英里的央米丁。蒙塔古·斯托普福德的第三十三军开始沿着伊洛瓦底江南进。5月3日，他的先头部队到达离仰光仅剩一半路程的卑谬，日军第二十八军被压制在伊洛瓦底江西岸。弗兰克·梅瑟维的先头部队沿公路行军。最开始行军速度不快，随即逐渐加速，4月

22日抵达了从地图上看与卑谬平行的东吁,就此绕过了沿着掸邦丘陵撤退的日军第十五军先头部队的残部(当时其他部队在先头部队身后约一百英里处)。一个星期后,弗兰克·梅瑟维的先头部队到达距离东吁九十英里、距离仰光七十英里的卡多克,遭到日军顽抗。当时,日军正想经泰国打通往东的交通线。虽然弗兰克·梅瑟维部队压制这支日军的抵抗只用了区区数天,但因此失去了亲自解放仰光的荣誉。

1945年5月1日,"吸血鬼行动"正式开始实施。英国伞兵在仰光河河口地带从天而降,另一支两栖部队在仰光河两岸实施登陆。登陆的英军听说日军已经从仰光撤离,便再次登船,逆流而上,第二天便进入仰光。5月6日晨,英军登陆部队和从卡多克、勃固杀来的弗兰克·梅瑟维的先头部队会师。这是解放缅甸全境的标志。

为了对付威胁更加严重的美军从太平洋发起的进攻,日本将绝大部分原来部署在缅甸的海军与空军调走,这是英军在战役进入最后阶段并未遭遇太大阻力的主要原因。因此,缅甸的日军只能以区区五十架老式飞机迎战盟军八百多架军机(轰炸机六百五十架、战斗机一百七十七架)。此外,英军勇猛的进攻还得益于美军运输机提供的补给保障。

第 6 章 日本穷途末路

The Collapse of Japan

第 6 章　日本穷途末路

日本输掉战争的因素有两个：一个来自海上——或者说"海底"更贴切；另一个来自空中。来自海上的因素起到决定性作用。从本质和效果来看，这两个因素起到的作用是把日本拖入各种形式的消耗战，并不断形成累加效应，最终使日本因此窒息。

本质上，日本是一个海洋国家，对海外物资供给的依赖程度远甚英国。在战争中，日军作战能力的强弱取决于依靠海运进口物资的多少。这些物资包括石油、铁矿石、铝土矿、焦煤、镍、锰、铝、锡、钴、铅、磷酸盐、石墨、钾盐、棉花、食盐和橡胶。在食品供应方面，日本要进口自身所需的大部分大豆和糖、百分之二十的小麦及百分之十七的大米。

然而，加入第二次世界大战时，日本商船的总吨位不过六百万吨，连英国1939年商船总吨位（近九千五百艘各类船舶，总吨位超两千一百万吨）的三分之一都不到。更过分的是，日本虽然从两年的战争及扩张计划的履行中汲取了不少经验教训，但偏偏在组织商船护航方面没有什么建树——在护航系统和护航航空母舰方面都"交白卷"。后来，商船船队遭到严重破坏后，为了挽回一些损失，日本终于认真看待"护航"这个问题了。

亚太搏杀：日本法西斯的穷兵黩武

如此一来，日本人便将自己的船舶变成了美军潜艇的"活靶"。太平洋战争初期，美军使用的鱼雷尚存缺陷[1]，因此攻击效果也就打了折扣。技术问题一解决，美军潜艇发动的袭击就俨然成了"大屠杀"。战争初期，日军潜艇的任务是集中攻击美军的军舰，后来还要担负为航行途经岛屿的日军运送补给的任务。而美国潜艇攻击的矛头，大多指向日本商船。仅1943年，美军潜艇就击沉日本商船二百九十六艘共一百三十三点五万长吨[2]。1944年起到的作用更大，仅1944年10月击沉的日本商船吨位就高达三十二点一万吨。后来，美军潜艇的主要攻击目标成了日本油船，打得日本主力舰队只能停泊在靠近石油产区的新加坡。燃油不足的状况在日本国内也导致了飞行员飞行实训不充分、训练受限制等问题。

美军潜艇同样使日军军舰损失惨重，潜艇击沉的军舰吨位占日军被击沉军舰总吨位的三分之一。日军在菲律宾海海战中损失两艘航空母舰"翔鹤"号和"大凤"号都是美军潜艇的杰作。1944年下半年，这些潜艇"再接再厉"，又瘫痪或击沉了日军近四十艘驱逐舰和三艘航空母舰。

当时，美军潜艇常常从吕宋岛的苏比克湾出击。由于绝大多数日本商船此前已被击沉，因此具备攻击价值的目标其实很少。于是，部分出航的潜艇临时担负起解救空袭返航时因各种原因必须在海上迫降的机组人员的任务。

---

[1] 美军当时使用的Mk.14型鱼雷常常出现哑弹、误爆等情况。——译者注

[2] 这里的单位是"gross ton"（长吨），与上下文的"ton"（公吨）有一定的区别。直到20世纪60年代，英国才接受国际公制单位。一长吨约合一点零一六吨，这里约合一百三十五点六万吨。——译者注

美军潜艇部队在打赢战争方面可谓居功至伟,其贡献绝不只是"切断日军的海外战线和日本本土的联系,令日军的援兵和物资都无法抵达"那么简单,其最大贡献莫过于在战争中击沉了日本损失的船舶总吨位(共计在战争中损失船舶八百万吨)的百分之六十。美国充分利用了日本经济的弱点及其对海外物资的依赖,这都是日本崩溃的决定性因素。

冲绳战役

夺取硫黄岛之前,美军就已经在着手制订对冲绳岛展开两栖进攻的"冰山行动"的计划了。美军将登陆日期定在硫黄岛登陆战六个星期后的1945年4月1日。冲绳岛是琉球群岛的最大岛屿,长六十英里,平均宽八英里,足以让美军建设一个进攻日本本土的前沿基地。冲绳岛位于日本本土和中国的台湾岛之间,距离台湾岛和日本本土各三百四十英里,距离中国大陆东南沿海三百六十英里。如果在冲绳岛上面派驻一支军队,就可以同时对中国大陆、中国台湾和日本本土的目标构成威胁;如果在冲绳岛上部署航空力量,更是能控制通往三地的所有海上交通要道。冲绳岛的地形以崎岖不平的山地森林为主,只在南部的一些地方有几个机场。石灰岩构造的高地很容易开凿,因此,冲绳岛易守难攻。现在,冲绳岛上的日军守备力量随着牛岛满将军及其第三十二军在岛上建立起防线进一步增强了。第三十二军共有约七万七千人的作战部队及两万两千人的后勤部队,另外还在加固洞窟掩体中配备了各种口径的火炮。日军大本营决心尽全力保卫冲绳岛。因此,为了防止因美军舰炮轰击白

白损失官兵，日军没有把兵力消耗在海滩防卫作战上，而是像在硫黄岛一样，采取了将兵力部署在岛屿内部纵深抵抗的战术。为了发动反攻，日军大本营在位于日本本土和台湾岛的各大机场集结了两千多架"神风特攻队"飞机，打算采取比以往更大规模的自杀式袭击战术。

美军最高统帅部料定冲绳岛将是一个难砸的"硬核桃"，必须调集占压倒性优势的兵力才能攻克。因此，美军要先设法解决一些重大后勤保障问题。根据计划，由小西蒙·玻利瓦尔·巴克纳中将指挥的新编第十集团军发起登陆行动。第一次攻击由五个师共十一万六千人组成，随后再让两个师上岸。此外，还有一个师留作预备队待命。登陆的三个海军陆战队师和四个陆军师共有作战人员十七万人，另有十一万五千名后勤人员。美军在冲绳岛上不仅要攻克强大的日军防线，还要控制住当地近五十万日本居民。

为了尽量削弱日军的空中反击力量，在登陆前一个星期，也就是1945年3月18日到21日，马克·安德鲁·米切尔命令麾下的快速航母战斗机群轰炸了日本本土。这次除了炸毁很多停放在机场上的飞机，还击落了一百六十架日军战机。不过，美军"黄蜂"号航空母舰、"列克星敦"号航空母舰和"富兰克林"号航空母舰也遭"神风特攻队"重创。一个星期后，从关岛起飞的美军B-29"超级空中堡垒"式轰炸机将目标从原先的大规模空袭日本城市改为轰炸九州岛各地的机场。美军在进攻冲绳岛前做的另一个准备工作就是，在里奇蒙德·凯利·特纳中将的坚持下，于1945年3月27日派一个师占领了位于冲绳岛西面十五英里的庆良间诸岛，并且没有遇到多大抵抗。3月28日，盟军油船开到庆良间诸岛，就地下锚。3

第6章 日本穷途末路

月中旬，英国海军上将布鲁斯·弗雷泽率领由两艘战列舰、四艘航空母舰、六艘巡洋舰、十五艘驱逐舰组成的太平洋舰队开赴庆良间诸岛，掩护冲绳岛西南海域。

时间很快到了1945年4月1日复活节主日的8时30分，美军在三小时的密集海空火力准备后发动登陆主攻。同日，里奇蒙德·凯利·特纳中将负责指挥冲绳岛附近海域的所有部队。为了能在短距离前进后顺势将岛屿南端切断，美军将登陆地点选在了冲绳岛南部的西岸。美军登陆部队上岸后没有遇到抵抗，并于1945年4月1日11时攻占以登陆地为中心、方圆五英里范围内的两个机场。美军对这个战果感到十分惊讶。黄昏时分，美军滩头阵地的宽度已经扩展到了九英里，平安登陆的部队数量达到六万多人。4月3日，美军成功横穿冲绳岛。4月4日，美军滩头阵地的宽度扩展到十五英里。就在这时，准备南进的美军第一次遭遇了来自冲绳岛南部两个半师团规模的日军的顽强抵抗。

与冲绳岛上的"先冷后热"不同，日军飞机从一开始就表现得十分活跃。"神风特攻队"的活动从1945年4月6日后就开始变得密集起来。4月6日、7日两天飞往冲绳岛的约七百架日军飞机中一半都用来执行"自杀特攻"任务。绝大部分日军飞机被击落，美军付出了十三艘驱逐舰被撞伤或撞沉的代价。

1945年4月6日同样因日本海军那令人瞩目的"自杀行动"而载入史册。在一支小型护航舰队的伴随下，没有空中掩护的超级

亚太搏杀：日本法西斯的穷兵黩武

战列舰"大和"号只携带单程燃料就上了战场。①"大和"号驶近目标时很快就被盟军发现并监视。同时，马克·安德鲁·米切尔拥有一个由二百八十架舰载机组成的机队准备对其展开攻击。4月7日12时30分，"大和"号战列舰遭到美军舰载机投射的鱼雷和炸弹攻击，并在持续挨炸两小时后沉没，日军死伤无数。跟德国战列舰"提尔比茨"号的遭遇一样，"大和"号一直到被击沉都没有向对方战列舰发射哪怕一发炮弹的机会——战列舰的时代真是一去不复返了！②

岛上的地面作战旷日持久。1945年4月13日，冲绳岛南部的日军发动了一次小规模反攻，被美军轻易击退。同时，美国海军陆战队第六师顺利向北推进，直到密布森林、山石耸立的本部半岛才被日军暂时挡住。但日军兵少，只有两个大队。4月17日，美军巧妙地攻克了这个"坚不可摧"的日军阵地。尽管日军很快化整为零，并以小股部队的形式一直顽抗到5月6日，但胜利的天平已经大大向美军倾斜。根据清点尸体得到的数据，约两千五百名日军官兵被打死，美国海军陆战队付出的死伤代价还不到这个数字

---

① 携带单程燃料一方面是因为当时日军的燃料储备已经见底，另一方面是因为日本当局有意让"大和"号驶入冲绳岛附近的浅海搁浅，然后充当"巨大的固定炮台"。——译者注

② "俾斯麦"号战列舰被击沉后，为了避免大型战列舰进一步受损，"提尔比茨"号战列舰被转移到挪威，以此躲避英军轰炸。从此，除了拦截过几次盟军运输船队，直到被击沉都没有更大作为。"大和"号战列舰在中途岛海战后极少得到出击的机会，几乎也是"无所建树"。被击沉时，舰上储存的两千发主炮炮弹只发射了三发。当时的挪威人和反对"大和"号战列舰的日本军人根据这两艘战舰绝少出战的特点，给它们分别起了两个恰如其分的外号："北方的孤独女王"和"大和旅馆"（因为"大和"号的设施极其奢华，当时日本绝大多数军舰都不能和它相比）。——译者注

第6章 日本穷途末路

的十分之一。4月13日,美国海军陆战队的一个特遣队没有遇到什么抵抗就抵达冲绳岛北端。在特遣队行进期间,美军毫不费力地夺取了除伊江岛外的冲绳岛周围全部岛屿。

1945年4月19日,约翰·里德·霍奇率领美国第二十四军的三个师开始进攻冲绳岛南部的日军阵地。进攻前,美军用海军、陆军与空军的火力猛烈轰炸日军的洞窟工事,但收效甚微。尽管将美国海军陆战队第一师和海军陆战队第六师同时调上前线,结果非但没有使战局得到多大改观,反倒付出了巨大的伤亡代价。不过,转眼就到了5月初,由于冲绳岛上的日军指挥官不喜欢打防御战(虽然防御战才对日军有利),便决定协同新一轮"神风特攻"向美军发起一次反击。虽然日军在一个点攻破了美军防线,但最后还是被美军打退,付出了约五千人被击毙的惨重代价。日军的失败多少为美军在5月10日的恢复进攻提供了一些方便,但反击开始后,连续一个星期天降大雨,美军的进展因此受阻。

日军在美军反攻的间隙从冲绳岛的首里一带(包括冲绳县重要城市那霸)撤到了岛屿更南端的阵地。1945年6月初的冲绳岛,道路泥泞不堪,但美军顶住困难前进,6月中旬把日军赶到了冲绳岛最南端。6月17日,因美军在战斗中使用了喷火器,日军沿着八重岳悬崖构筑的坚固阵地终于被攻破。牛岛满与其参谋长及许多官兵自杀。但重要的转变发生在随后进行的扫荡清剿阶段。其间,至少有七千四百名日军官兵投降。

算上招募的冲绳岛岛民,日军损失了约十一万人,而美军只损失了四万九千人(其中一万两千五百人战死),是美军在太平洋战争中伤亡最惨重的一次。

169

日军在历时三个月的冲绳岛战役中动用飞机发动了十次大规模"神风特攻",还给这样的攻击取了"菊水"的名字。"神风特攻队"的飞机共出击一千五百架以上,日军其他飞机发动的自杀式攻击数量与之相仿。美军付出了三十四艘军舰被击沉、三百六十八艘军舰被击伤的代价,其中绝大多数是"神风特攻队"造成的。冲绳岛作战的痛苦经历预示着美军在日本本土只会遇到更加激烈的抵抗,从而促使美国在1945年7月做出了使用原子弹的决定。

太平洋战场与缅甸战场

美军两路并进的速度因采用了"跳岛"战术而大大加快了。然而,当美军逼近日本本土,正在为"最后一跃"做准备时,美军参谋长官却认为有必要先扫荡因美军"跳岛"时跳过的、被孤立岛屿上的日军,清除美军进攻时的后方威胁。因此,在战争结束的前一阶段,美军在战场各区域内展开了广泛的扫荡战。在威廉·斯利姆的部队迅速推进到仰光之后及盟军东南亚司令部计划利用两栖作战部队夺回新加坡及荷属东印度前,更有必要先肃清缅甸中南部的日军残余力量。

缅甸追残敌

1945年3月初,威廉·斯利姆指挥英军进入仰光。当时在萨尔温江以西,也就是威廉·斯利姆部队的后方还有大约六万名日军

官兵。因此,对盟军而言,阻止这支日军东逃泰国并防止其在威廉·斯利姆的部队进攻仰光时在缅甸境内制造麻烦十分重要。英军把弗兰克·梅瑟维的第四军部分部队抽调回来,守卫锡当河渡口,其余人马则去与顺伊洛瓦底江而下、由蒙塔古·斯托普福德指挥的第三十三军会合。5月,蒙塔古·斯托普福德两次阻止了樱井省三指挥的第二十八军从阿拉干渡过伊洛瓦底江向东逃遁的尝试。然而,多股日军小部队后来还是成功渡江,共有一万七千人抵达了位于伊洛瓦底江和锡当河之间的勃固山脉。本多政材指挥日本第三十三军残部帮助樱井省三的部队向英军发动了一次牵制性进攻,但失败了。7月中旬以后,樱井省三的部队化整为零,散作多个每股数百人的小队准备悄悄溜过弗兰克·梅瑟维的防线。可惜大部分日军官兵后来都被英军击败或俘虏,成功逃到锡当河东岸的连六千人都不到。日军逃过锡当河后,遇上了河水泛滥,失去了继续作战的能力。

新几内亚岛—新不列颠岛—布干维尔岛

说回1944年上半年麦克阿瑟指挥美军沿着新几内亚岛北部海岸搞"跳岛"作战的时候。当时,麦克阿瑟跳过了日军防线,没有清剿日军。等美军到达菲律宾时,日军已经有五个师团的兵力被美军甩在身后了(新不列颠岛和布干维尔岛上的日军数量也很多)。1944年7月12日,麦克阿瑟命令澳大利亚军队总司令托马斯·布莱梅从1944年秋开始"进一步清剿"新不列颠岛及布干维尔岛上的日军。托马斯·布莱梅把麦克阿瑟的命令视为命自己发

动进攻。但1943年，他麾下的两个师被作为英联邦军队调往菲律宾作战后，就只剩下四个师可供他调遣，其中三个还是民兵师。

澳大利亚第六师被派往艾塔佩，准备自1944年12月开始东进，击败守卫韦瓦克的安达二十三的三个实力较弱的师团（约三万五千人）。日军当时装备不足，营养不良，军中疾病肆虐，还是一支孤军。但澳大利亚第六师也有麻烦：要在地势崎岖不平、长一百英里的地带运输部队。澳大利亚第六师的运输部门感到压力重重。部队的士气被蔓延开的疾病和认为"本次作战无关紧要"的想法搞得十分低落。澳大利亚第六师作战进展很慢，直到1945年5月才占领韦瓦克，甚至直到8月战争结束时，日军残部还控制着岛屿纵深地区——当时日军只损失了五分之一的兵力。战斗只给澳大利亚第六师带来一千五百人的伤亡，但疾病夺走了一万六千名澳大利亚官兵的生命。

澳大利亚第五师被派往俾斯麦群岛中的新不列颠岛。比起澳大利亚第六师，第五师师长艾伦·拉姆齐精明得多。1944年11月，澳大利亚第五师到达战场时，美军已经控制了新不列颠岛六分之五的面积了，日军七万人龟缩在剩下的六分之一的地盘上——主要猥集在日军建设的拉包尔基地内。澳大利亚第五师朝新不列颠岛的瓶颈地带短距离行军，接着就不再进攻，只在短短的战线上巡逻，目的是困死日军，"任其自生自灭"。该师只付出了微不足道的代价，就将新不列颠岛上日军的战斗力消磨殆尽。战争一结束，这支日军就投降了。

布干维尔岛在所罗门群岛最西端，同时是所罗门群岛中最大的岛。澳大利亚第二军（含澳大利亚第三师和另外两个旅）被派

往布干维尔岛作战，指挥官由斯坦利·萨维治担任。其实，澳大利亚第二军根本不需要进攻布干维尔岛，因为当时日军大都集中在布干维尔岛南部的布因，并且干的是种菜、捕鱼（因为缺少食物）之类的活。1945年初，斯坦利·萨维治指挥部队发动了一次攻势。日军为了保护食物产区而苦战，致使澳大利亚第二军进展缓慢。六个月后，澳大利亚第二军的攻势因洪水被迫中断。攻打布干维尔岛的澳大利亚第二军和在新几内亚岛作战的澳大利亚第六师作战都不积极，因为它们都有一种正确的判断：在布干维尔岛和新几内亚岛这样的地方作战是毫无必要的。

收复婆罗洲

为了切断日军的石油、橡胶供应，并为英军在文莱湾准备舰队的前进基地，美军最早提出了要收复婆罗洲的想法。但英国参谋长委员会不买账，因为英国更希望在菲律宾群岛获得一个这样的基地，并且英国太平洋舰队此时已经在冲绳岛附近海域作战，英军也无意将舰队调回南方。因此，收复婆罗洲的重任就落在了海军中将莱斯利·莫斯黑德指挥的澳大利亚第一军（四个师）身上，并由美国海军第七舰队负责海上掩护。1945年5月1日，澳大利亚第一军占领了婆罗洲东北海岸的打拉根，接着又在没有遭遇激烈抵抗的情况下于6月10日占领了文莱湾。澳大利亚第一军随即沿海岸线进军，长驱直入，攻打沙捞越。7月初，澳大利亚第一军遭遇了顽强抵抗，但凭借持续轰炸，还是攻克了婆罗洲东南海岸的石油生产中心巴厘巴板。这是第二次世界大战中最后一次大型两栖作战。

本来当时英国还准备武力收复新加坡，准备工作也进展顺利，但日本在1945年8月投降，武力收复的计划因此作罢。1945年9月12日，蒙巴顿赶到新加坡就是去履行英国与日本已经于1945年8月27日在仰光签署的初步协定上标明的、接受东南亚日军的总投降而已。东南亚投降的日军总人数达七十五万人。

菲律宾群岛

1944年10月，美军登陆莱特岛。虽然通过之后不到五个月的战斗就在战略上取得了对菲律宾群岛的控制，但岛上的日军主力直到1945年3月都没被消灭。事后查明，当时仅吕宋岛上的日军大约就有十七万人，远比美军估计的多。山下奉文亲自指挥的规模最大的一支部队驻扎在吕宋岛北部，而在马尼拉附近的群山中，还藏着横山勇指挥的一支约五万人的部队（控制着马尼拉的饮水供应）。之前，美军曾经进攻过横山勇这支部队，后来攻势被抵挡住了。这些日军甚至反击了奥斯卡·格里斯沃尔德指挥的美国第十四军。1945年3月中旬，美军调来查尔斯·霍尔指挥的第十一军作战。5月底，美国第十一军已经分别占领了阿瓦水坝和怡保水坝。这时，因为病饿交加，横山勇的部队战斗力已经减半，随即又分裂成多支无组织的小股部队，并被菲律宾游击队和美军追杀。日军每有一人战死，同时就有十人因病饿而死。直到战争结束、日军投降时，只有七千人苟延残喘。

此时，沃尔特·克鲁格的部队已经扫清了通往米沙鄢海的通道，缩短了从莱特岛到吕宋岛的航程。随后，沃尔特·克鲁格

第6章 日本穷途末路

开始指挥部队清剿吕宋岛南部的日军。美军其他部队开始逐个清剿莱特岛南部诸岛，并在棉兰老岛安营扎寨。日军大本营曾认为美军最有可能先进攻棉兰老岛，所以一度在此驻扎了四万多人。1945年夏，尚在棉兰老岛挣扎的日军都退进了群山之中，既饿又病，损失严重。

美军以攻打驻扎在吕宋岛北部的山下奉文部队，作为菲律宾群岛作战的最后一个阶段。1945年4月27日，美军以三个师的兵力发起进攻，随后很快得到了一个师的援兵。然而，随着美军逐渐深入山区，并且山下奉文集中的兵力比美军估计的多了一倍，达到五万多人，因此作战难度逐渐增大。直到8月中旬，山下奉文仍在坚守阵地，直到战争结束才率领剩余的四万人和分布在吕宋岛北部的一万多名散兵一起投降。美军打了一场代价高昂、战略必要性却令人生疑的扫荡战。

战略大空袭

美军之所以要在1944年夏攻克马里亚纳群岛，主要是因为飞机只有从马里亚纳群岛起飞，对日本发动的空袭才可以奏效。

B-29"超级空中堡垒"式轰炸机是美军发动对日本空袭的主战兵器。B-29"超级空中堡垒"式轰炸机是第二次世界大战中最大的轰炸机，载弹量达一万七千磅，飞行速度接近每小时三百五十英里，飞行高度在三万五千英尺以上。B-29"超级空中堡垒"式轰炸机的航程可达四千多英里，全身配置了厚重的装甲，自卫火力是十三挺机枪。

1944年6月中旬，美军从中国、印度派出了约五十架B-29"超级空中堡垒"式轰炸机，轰炸了九州的钢铁生产城市八幡。但本次和随后几次对八幡的轰炸一共只投下了八百吨炸弹，造成的破坏微乎其微。然而，负责调度B-29"超级空中堡垒"式轰炸机的第二十轰炸机司令部需要通过"驼峰航线"才能获取大量物资来维持在中国的B-29"超级空中堡垒"式轰炸机的正常运行。鉴于从中国起飞的B-29"超级空中堡垒"式轰炸机表现很差，1945年初，美军就将它们悉数从中国撤走了。

不过，1944年10月底，一个建在马里亚纳群岛中的塞班岛上的简易机场已经可用，美军就把第二十一轰炸机司令部第一团（共有一百一十二架飞机）派到这里。1944年11月24日，美军从这个机场派出了一百一十一架B-29"超级空中堡垒"式轰炸机，轰炸了设在东京的一个飞机制造厂。这是自1942年4月初"詹姆斯·杜立特空袭东京"后美军对东京的第一次空袭，象征着新一轮对日本的空中攻势拉开序幕。虽然只有不到四分之一的美军轰炸机成功找到了目标，并且日军派出一百二十五架战斗机升空拦截，但美军最后只付出了损失两架轰炸机的轻微代价。

根据在欧洲执行轰炸任务的经验，B-29"超级空中堡垒"式轰炸机开始对日本展开为期三个月的白天高精度轰炸。虽然逼得日本人将飞机工厂等各种部门疏散了，但轰炸效果还是不能令人满意。1945年3月，鉴于当时驻扎在马里亚纳群岛的B-29"超级空中堡垒"式轰炸机数量达到了之前的三倍，负责指挥的柯蒂斯·李梅决定将原来的白天轰炸改为夜间低空区域性轰炸。因为日本的夜间防空能力较差，所以B-29"超级空中堡垒"式轰炸机

第6章 日本穷途末路

夜间出击可以在发动机负担更小的状况下携带更多炸弹,命中小型工业目标的精准度也更高。

柯蒂斯·李梅另一个更重要的决定是把B-29"超级空中堡垒"式轰炸机携带的普通炸弹替换成了燃烧弹——每架B-29"超级空中堡垒"式轰炸机一次可以挂载四十串(每串三十八枚)燃烧弹,几乎可以点燃面积十六英亩的土地。美军在更换弹药后收到了惊人的轰炸效果:1945年3月9日,二百七十九架B-29"超级空中堡垒"式轰炸机各携带六吨到八吨的燃烧弹对东京发动空袭,造成了灾难性打击——城市面积的四分之一(近十六平方英里)燃起熊熊大火,二十六万七千多幢建筑物被烧毁,近十八万五千名平民被烧死烧伤。美军只损失了十四架B-29"超级空中堡垒"式轰炸机。在之后的九天里,大阪、神户和名古屋等城市也都遭到燃烧弹破坏。3月19日,美军燃烧弹耗尽,攻击停止。十天时间之内,美军往日本土地倾泻了近万吨燃烧弹。

美军火烧日本的作战很快在短暂的停歇后恢复,甚至越烧越凶——1945年7月往日本投下的燃烧弹数量是1945年3月的三倍(近三万吨)。美军还在日本沿海空投了几千枚水雷,试图封锁日本沿海的海上交通。被美军炸沉的船舶吨位共计在一百二十五万吨以上,沿海水运因此陷入瘫痪。此时,日本几乎已经没有空中抵抗力量了。

美军空袭战果辉煌。燃烧弹烧得日本人惊慌失措,而每当柯蒂斯·李梅用B-29"超级空中堡垒"式轰炸机投下写着下一个目标地址的传单时,日本人就更加沮丧。为了躲避空袭,八百五十多万人逃往农村,这导致日本战时生产萎缩,特别是在日本的战

时经济已经山穷水尽之时。日本的炼油工业产能下降了百分之八十三，飞机发动机的产能下降了百分之七十五，飞机骨架的产能下降了百分之六十，电子设备产能下降了百分之六十，六百多家主要兵工厂不是严重受损就是完全被毁。

事实证明，美军大轰炸除了带来物质上的破坏，还使日本人产生了军队已经无法保护自己的感觉，向盟军投降甚至无条件投降已成必然。1945年8月，美军投下的原子弹其实是对少部分尚未认识到"无条件投降已成必然"的日本好战分子的提醒。

原子弹与日本投降

在《第二次世界大战回忆录》的最后一卷中，丘吉尔这样谈及1945年7月14日，当时，他和哈里·杜鲁门、斯大林一起参加波茨坦会议，然后就收到了一张写着密语"婴儿安全降生"的纸条。随后，美国国防部部长史汀生解释说原子弹昨天试验成功了。"哈里·杜鲁门此时正和陆军上将马歇尔及海军上将威廉·莱希在一起，邀请我立刻去和他商谈。"

丘吉尔认为原子弹带来的后果意义深远，在此特引用其回忆录中与之有关的段落。

我们似乎突然得到了一个可以尽可能少地在东方进行屠杀的好机会，（在亚洲使用原子弹）比在欧洲战场的前景好多了。我相信此时我的美国朋友和我的想法是一样的。我们没有把时间花在讨论"是否应该使用原子弹"的

第6章 日本穷途末路

问题上——为了避免大规模的流血杀戮,为了结束战争、还和平于世界,为了伸出手去救助受苦的人们,我们在历经一切艰难险阻后,不惜用几次爆炸向日本施加压力,这也不失为一种拯救苍生的奇迹。

　　1945年7月4日,我国(英国)已经在原子弹试验前原则上同意了该武器的投放。当然,是否使用这种武器的最后决定权还是在它的主人哈里·杜鲁门手上。我知道他肯定会下令(即投放原子弹),并对命令的正确性深信不疑。从来也没人就"是否应该动用原子弹迫使日本投降"提出过异议。使用原子弹的巨大历史意义将在经历实践的检验后仍然存在,不会改变。当时,与会各方自发、毫无犹疑地就"使用原子弹"的决定达成一致,连哪怕一点点提出替代方案的想法都没有。①

　　但在后来说出下面一段话时,我们可以看出丘吉尔对自己的决定已经产生了怀疑。

　　"原子弹战胜了日本"的说法是错误的。早在原子弹投放前,盟军压倒性的海军力量便注定了日本必败。我们只靠海军就可以占领必要的海军基地,然后发动总攻,不费吹灰之力就能让保卫日本大城市的军队投降——毕竟我

---

① 丘吉尔:《第二次世界大战回忆录》,第6卷,第553页。——原注

们早就摧毁了日本的海上运输。①

丘吉尔还提到，在投放原子弹的三个星期前曾发生了一件事。波茨坦会议期间，斯大林私下将日本驻莫斯科大使表示"期望和平"的信息传达给丘吉尔。丘吉尔把话带给哈里·杜鲁门时还补充说，只要稍加修改"无条件投降"的要求，日本就投降了。不过，日本其实早就开始为寻求和平与盟军进行接触了，美国当局在这方面了解的比丘吉尔阐述或已经知晓的还要多。1944年圣诞节前，位于华盛顿的美国情报机关就收到了一份在日本的某位消息灵通的外交间谍的报告。报告称，日本内部出现了一个主和派，并逐渐得势。这位间谍还预测，小矶国昭不久就可能被海军大将铃木贯太郎取代。1944年7月，小矶国昭取代东条英机担任首相。但铃木贯太郎得到了裕仁天皇的支持，并且将在组建政府后立刻与盟军展开谈判来寻求和平。

1945年4月1日，美军在琉球群岛之一的冲绳岛登陆。如此噩耗再加上苏联告知日本将解除彼此间订立的中立条约，致使4月5日小矶国昭内阁倒台。紧接着，铃木贯太郎就成了日本首相。

虽然主和派的首脑已经在日本政府中掌权，但接下来该怎么做，他们的心里并没有底。早在1945年2月时，裕仁天皇首倡日本与苏联接触，要求苏联在日本与西方盟国之间充当议和的"中间人"。这些接触先是通过苏联驻日本大使，然后又通过日本驻苏联大使进行。但苏联相关人员根本就没有将消息传递回去，所谓

---

① 丘吉尔：《第二次世界大战回忆录》，第6卷，第559页。——原注

第6章 日本穷途末路

"接触"自然就不得要领了。

过了三个月,盟军方面才终于收到了日本求和的暗示。1945年5月底,哈里·霍普金斯作为美国总统的私人代表飞往莫斯科与斯大林讨论未来的形势问题。召开了三次会议,斯大林才抛出日本问题。在1945年2月的雅尔塔会议上,斯大林曾答应以占领千岛群岛和萨哈林岛、获取中国东北的部分主权为条件对日本开战。他告诉哈里·霍普金斯,用于进攻中国东北地区日军的苏军将于8月8日部署完毕。斯大林又说,如果盟军坚持日本人"无条件投降",将很可能刺激日本人对抗到底。但如果能对这一条款进行修改,说不定会对日本人的投降有鼓励作用——届时,只要盟国施加压力,日本人还是会被迫接受盟国提出的条件,达成"无条件投降"期望的目的。斯大林强调说,苏联希望在战后实际占领日本方面分一杯羹。他还透露称,"某些日本人"正在搞"和平试探"。但斯大林没有告诉哈里·霍普金斯的是,"某些人"竟是日本驻苏联大使,所谓的"和平试探"其实是官方接触。

当冲绳岛上的战火还在燃烧时,一件事情就已经格外清晰,并且在美军占领冲绳岛后更加明朗了,那就是盟军加强了对日本本土的轰炸——冲绳岛距离日本本土连四百英里都不到,是马里亚纳群岛与日本本土距离的四分之一。

任何一个战略家,特别是铃木贯太郎这样的海军老将此时都能明白,日本已无力回天。铃木贯太郎是一个反战人士,曾在1936年因为这一思想险些被日本陆军的极端分子杀害。但他与主和的内阁现在遇到了一个棘手的问题:他们固然热切盼望和平,但接受盟军的"无条件投降"与出卖战场上奋战至死的将士的

叛徒无异。一旦觉得投降条件太屈辱，一些军队——控制着大量濒临饿死的盟国军民作为人质——很可能就会抗命不遵、拒绝停火。如果盟国"不识趣"地提出要"废除天皇"，这种情况就更有可能发生，因为天皇不仅是君主，而且是日军将士心中神圣不可侵犯的神。

这个难局被裕仁天皇亲自破解了。1945年6月20日，裕仁天皇召集六名内阁核心人员召开最高战争指导会议，并在会议上说："你们要考虑如何尽快结束战争。"与会的六名人员对此一致表示同意，但当首相、外交大臣及海军大臣准备接受无条件投降时，陆军大臣、陆军参谋长与海军参谋长却主张坚决抵抗，直到能获得相对缓和的条件再投降。最后会议决定：派遣近卫文麿赴莫斯科进行和谈。裕仁天皇私下告诫近卫文麿，要他"不惜一切代价达成和议"。7月13日，日本外务省正式通知莫斯科："天皇渴望和平。"

收到日本外务省消息时，斯大林正准备赴波茨坦参加会议。他一方面冷淡地回复说，这个建议不够明确，他不能因此采取任何行动或接见日本代表团；另一方面，他又把这个情况告知了丘吉尔。丘吉尔又告诉了哈里·杜鲁门，加上了"修改'无条件投降'这一'严峻'要求或许更加明智"的试探性建议。

1945年7月27日，日本政府给斯大林发了第二封电报，试图明确日本代表团的目的和任务，但被苏联以与第一次情况相似为由拒绝了。此时，丘吉尔输掉了英国首相大选，克莱门特·艾德礼和恩斯特·贝文替他出席了波茨坦会议。7月28日，斯大林在波茨坦会议上告知了与会各方日本正寻求进一步接触的事情。

第6章 日本穷途末路

不过,美国人对此早就了然于胸,因为美国情报机关已经截获了日本外相发给驻莫斯科大使的密电。

然而,哈里·杜鲁门及以史汀生和美国陆军参谋长马歇尔为代表的大多数美国顾问,有心使用原子弹,加速日本的崩溃。为了日后在远东获得有利地位,斯大林正力求在战争结束前对日本宣战。

不过,在原子弹的使用方面,有些人持有比丘吉尔更大的怀疑态度。例如,曾先后担任罗斯福和哈里·杜鲁门的参谋长的海军上将威廉·莱希就对使用原子弹攻击城市平民表示反对。威廉·莱希说:"我当时是这样想的,要是使用了这种武器,那我们与野蛮人又有什么区别。没有人教过我可以通过残杀妇孺取得一场战争的胜利,这么干也不可能取得战争的胜利。"1944年,威廉·莱希曾反对过罗斯福使用细菌武器攻击日本的建议。

在"是否使用原子弹"这一议题上,研究原子弹的核科学家之间也存在分歧。在取得罗斯福和史汀生对使用核武器的支持方面,范内瓦·布什博士起到主要作用,丘吉尔的科学事务私人顾问弗雷德里克·林德曼教授也是使用核武器的主要倡导者。这就很好理解,为什么史汀生在1945年春指派以范内瓦·布什为首的一个委员会考虑"是否应该使用核武器打击日本"时,该委员会在没有提及原子弹可能造成破坏的情况下就强烈建议"应该尽早使用"了,因为害怕原子弹可能只是一枚不会爆炸的"哑弹"。史汀生后来就是这么解释的。

与此形成对比的是,1945年6月下旬,另一批以詹姆斯·弗兰克教授为代表的核科学家向史汀生提交了另一份结论截然不同的报告。报告是这样说的:"用原子弹突袭日本虽然有种种好处,还能拯救美军将士的生命,但这同样可能在世界范围内激起恐惧和反对的浪潮,那样就会得不偿失……美国首先对人类使用这种毁灭性的新武器,势必以牺牲世界民众的支持为代价,助长军备竞赛,还不利于未来就控制这种武器达成国际协定……综上所述,我们相信,不能使用原子弹对日本发动攻击。"

但科学家之间起了争论,只有跟政客走得更近的一方才更容易得到注意。只有跟政客走到一起,他们的高论才能对最后的实际决策起到重要作用,何况他们早就引起了政治家对于"投放原子弹"一事的强烈兴趣——这可是尽快结束战争的捷径。军事顾问为已经造好的两颗原子弹选定了五个目标,经过哈里·杜鲁门和史汀生的考虑,选定了广岛和长崎,因为"这两个地方不仅有军事设备,还有最易损毁的民房和其他建筑物"。

1945年8月6日,第一颗原子弹就这样被投放在了广岛,城市几乎被完全破坏,八万人被炸死——占广岛居民总数的四分之一。8月9日,美军在长崎投放了第二颗原子弹。波茨坦会议结束后坐船回国的途中,哈里·杜鲁门得知广岛已经被原子弹轰炸的消息。根据在场的人回忆,哈里·杜鲁门兴奋地大叫:"这是历史上最伟大的事件!"

但原子弹对日本政府产生的效果远不及当时西方的想象。最高战争指导会议中反对无条件投降的成员并未因此动摇,仍然叫嚣必须要先得到盟国的一些保证,特别是"维持天皇的元首地位"。至于可怜的日本的民众,此时仍然被蒙在鼓里。直到战争结束,他们才了解广岛和长崎发生的事情。

1945年8月8日,苏联对日本宣战。8月9日,苏军攻入中国东

第6章 日本穷途末路

北地区。这样看来,苏军的进攻似乎对战争结束的进程起到了加速作用,但实际上,裕仁天皇起的作用更大一些。8月9日,裕仁天皇在核心内阁会议中指出败局已经无可挽回,称自己很想立刻议和,并同意召开御前会议。这改变了原本反对"无条件投降"的三人的立场。日本政界巨头都会参加这次御前会议,裕仁天皇可以在会议上亲自做出最后的裁决。

与此同时,日本政府通过无线电广播的方式称,只要能尊重天皇的地位,日本就愿意投降。这被1945年7月26日的《波茨坦公告》默许。经过讨论,哈里·杜鲁门同意了这一条件。从这一点来看,这个掺了水的"无条件投降"是值得人们注意的。

1945年8月14日,各方在御前会议上还有很大分歧。但裕仁天皇坚决地用这么一番话解决了争论:"众臣的意见要是表达完了,朕就来说说自己的意见。但朕既然要说,就请尔等务必同意。朕知道这个决定令人难以容忍、难以接受,但这是拯救自己的唯一出路。"接着,日本政府就用无线电广播了宣布接受《波茨坦公告》并投降的消息。

实际上,要逼日本投降根本不需要动用原子弹。正如丘吉尔所说,日本的海运船舶十有八九都被盟军击沉炸瘫,陆军、海军节节败退,工业遭到严重破坏,日本人的食品供应每况愈下。种种迹象表明,日本的崩溃已成定局!

美军的战略轰炸调查报告也强调,日本败局已定。同时,作为补充,报告还加了这么一条:"要是日本的政治体制允许在国家大政方针上更迅速果断地做决定,那么在其军事力量失去作用和政治上接受无可讲价的条件之间需要的时间就会缩短一些。

不过,现在的局势显而易见:即便不靠原子弹,不进攻日本本土,仅凭我军空中优势向日本人施压,就足以迫使日本人无条件投降。"美国海军司令恩斯特·金也说,仅靠美国海军的海上封锁,让日本人缺乏包括石油、稻米和其他一切原材料,就可以"饿得日本人投降,只要我们愿意等就行了"。威廉·莱希的判断更是强调了"无须使用原子弹"这一点:"我军使用常规武器、采取海上封锁都已经见效,日本实际上已经被我们打败,不日即将投降。我们在广岛、长崎投下这样野蛮的武器,对赢得这场战争实际上没起到什么帮助。"

既然没有使用原子弹的必要,又为何一定要投放呢?除了出于本能希望尽早减少伤亡,还有什么更迫切的理由吗?理由有两个:一个是来自丘吉尔本人的叙述。1945年7月18日,丘吉尔收到核试验成功的消息后立刻与哈里·杜鲁门商谈。之后,丘吉尔立刻就有了这样的想法:

> ……我们不需要苏联人的帮助了。对日本战争的结束并非必须依赖苏联出兵……我们没必要去求苏联人帮忙。几天后,我还写信给艾登说:"就现在的形势而言,显然美国不希望苏联参战了。"①

不过,在波茨坦会议上,斯大林提出的要"共占日本"的要求确实令人伤脑筋。美国政府急于避免这样的事情发生,而1945

---

① 丘吉尔:《第二次世界大战回忆录》,第6卷,第553页。——原注

第6章 日本穷途末路

年8月6日投下的原子弹或许有助于问题的解决。苏联预定的参战日期是8月8日，正是原子弹轰炸广岛的两天后。

投放原子弹的另一个理由来自美国海军上将威廉·莱希。威廉·莱希认为："既然已经在这个项目上投入了二十亿美元的巨款，科学家和其他人就都想做这么一次实验。"一位参加"曼哈顿计划"的高级官员则把话说得更透：

> 花了这么多钱，原子弹试验就必须成功，没有失败的道理。一旦失败，试想我们要如何对这笔天文数字的开支做交代？民众又会怎样大吵大闹……随着离战争结束越来越近，华盛顿的一些人就开始劝"曼哈顿计划"的负责人莱斯利·理查德·格罗夫斯将军，要他尽快把原子弹搞出来。这些人很清楚，我们一旦失败，莱斯利·理查德·格罗夫斯就要负全责。我们最终搞出来并投下了原子弹，这对我们每个参与计划的成员都是莫大的安慰。

然而，经过一代人之后，我们可以看得更清楚：匆匆忙忙投下原子弹对世界其他地方的人来说真不是什么安慰！

1945年9月2日，在停泊于东京湾的美国战列舰"密苏里"号上，日本代表签署了投降书。至此，从希特勒下令进攻波兰共和国开始，历时六年零一天的第二次世界大战在德国投降四个月后正式结束了。不过，在"密苏里"号战列舰上签协议只是一个让战胜者满意的仪式，早在8月14日，日本宣布接受盟国"无条件投降"的条件后，战争就结束了。至于双方的战火，更是在8月13日

（距离第一颗原子弹投放刚过了一个星期）就已经熄灭。然而，使用原子弹完全没有必要，即便可怕的原子弹展现出了毁灭整个城市的无比威力，产生的作用也不过是让日本投降这一必然结局早一刻到来而已。虽然原子弹投下了，但从此以后，全人类都要生活在蘑菇云的阴影里了。

第7章 第二次世界大战的三个阶段

The Three Phases of the War

第7章 第二次世界大战的三个阶段

影响大战的关键因素及转折点

丘吉尔曾给这场灾难性冲突取了一个恰如其分的名字——"不必要的战争"。英国与法国执行的"竭力避免战争并试图遏制希特勒"的政策存在一个基本弱点,就是两国缺少对于战略因素的理解。正是这个弱点,让它们在形势最不利时滑进了战争的深渊,催发了一场本可避免却影响深远的大灾难。要不是希特勒犯了历史上每一个侵略成性的独裁者都曾反复犯的错误,英国根本不可能侥幸逃脱灭国的危险。

第二次世界大战爆发前的关键历史时期

现在回想起来,导致战争最后爆发的关键一步,就是1936年德国重新进入莱茵兰的事件。希特勒从中获得了双重利益——既为德国关键的鲁尔重工业区提供了掩护,又为后来入侵法国提供了跳板。

为什么当时不制止希特勒重占莱茵兰的行为呢?主要是因为

英国与法国都急于避免冒因擦枪走火而使冲突演变为战争的风险。此外，表面上看，德国进入莱茵兰还给人一种仅仅是为了纠正不公平待遇而努力的感觉（虽然方法是不对的），英国与法国就更不愿意有所作为了，重视政治的英国人尤其如此。英国人更倾向于把德国重占莱茵兰的行为看作政治而非军事事件，没看清这一举措隐含的战略意图。

希特勒1938年的行动再次从以下政治因素中获得了战略利益：德国人和奥地利人渴望统一，捷克斯洛伐克对苏台德地区的德意志人的处置引起了德国的强烈反感。西方各国广泛认为德国在这两件事情的处置上有几分道理。

1938年3月，希特勒占领了奥地利共和国。这样一来，捷克斯洛伐克共和国这个一度被德国视为东扩计划的"眼中钉"的侧翼就完全暴露在了德国面前。希特勒用战争和战争催生的《慕尼黑协定》威胁，不仅在1938年9月占领了苏台德地区，还使捷克斯洛伐克共和国陷入了瘫痪。

1939年3月，希特勒使出了"不流血"的最后一招：占领捷克斯洛伐克共和国的剩余领土，又从侧翼包抄，对波兰共和国形成合围之势。英国在希特勒出招后误走一步：对战略上处于彼此孤立的波兰共和国和罗马尼亚王国做出保证，并且事先竟然没有取得唯一有实力支援波兰共和国和罗马尼亚王国的苏联答应相助的保证。

从时间上看，英国当时提出对波兰共和国的保证肯定起到了挑衅德国的作用。但从现在已经掌握的情况分析，在得知英国对波兰共和国提出保证之前，希特勒没有立刻要进攻波兰共和国的打算。不过,英国提出保证的两个对象都身处英军与法军鞭长莫及的地方,这反倒给希特勒提供了一种几乎难以拒绝的诱惑。此后,处于劣势地位的英国与法国就从根本上破坏了唯一可以采取的可行战略——当时它们没有办法在西线摆开一条足以应对任何进攻的强大防线,却给了希特勒突破一条薄弱防线、获取初步胜利的大好机会。

当时唯一还能阻止战争发生的办法,就是取得当时唯一既能直接支援波兰共和国又能震慑希特勒的苏联的支持。然而,尽管当时局势已经危如累卵,英国还是一副拖拖拉拉、三心二意的态度。除了犹疑的英国,波兰共和国和其他东欧小国更不愿意让苏联出兵,因为这些小国担心苏联一旦来援,无异于带来新的侵略。

希特勒对英国给予波兰共和国的支援采取的是截然不同的态度。他虽然一度震惊于英国的剧烈反应及加强军备的行动,但并没有被冲昏头脑。相反,希特勒的解决办法体现出他受到了英国历史上冷静、理智、能够控制感情的著名人物的影响。他相信,除非得到苏联支持,否则英国与法国绝不会为了波兰共和国轻易加入战争。希特勒抑制着心中对"布尔什维克主义"又恨又怕的态度,努力争取与苏联和解,并力求让苏联采取不干涉的态度。希特勒对苏联的态度转变比张伯伦对希特勒态度的转变更加令人惊讶,造成的结果也更加致命。

1939年8月23日,里宾特洛甫乘飞机前往莫斯科,签署了"苏德瓜分波兰"的秘密协定——《苏德互不侵犯条约》。

《苏德互不侵犯条约》终于让战争的爆发无法避免。希特勒的一连串快速侵略行径引起了公愤。英国人认为,既然已经保证援助波兰共和国，此时就不能置身事外、袖手旁观——否则不但英国脸上无光，还会放纵希特勒扩大侵略。对希特勒而言，即使已经意识到继续下去全面战争将不可避免，他也绝不会因此再收回侵占波兰共和国的决定了。

欧洲文明的列车就是这样突然开进了一条漫长而又黑暗的隧道——经过六年的疲惫时光，才从隧道里钻出来重见天日。不过，那时见到的胜利阳光只是冷战到来前的幻影罢了。

第二次世界大战的第一阶段

1939年9月1日，星期五，德军在这天悍然入侵了波兰共和国。为了履行先前对波兰共和国的承诺，英国于1939年9月3日对德国宣战。英国宣战后六小时，法国对德国宣战。

然而，开战不到一个月，波兰共和国即告沦陷。不到九个月，战火就烧遍了几乎整个西欧。波兰共和国是否可以坚持更长时间？英国与法国能否更大程度减轻德国对波兰共和国施加的压力？乍看之下，仅仅通过武装力量对比，人们可以很容易做出"能"的肯定回答。其实，1939年，德军并没有做好打仗的准备。法国和波兰共和国加在一起拥有相当于包括三十五个预备师在内共一百五十个师的兵力（尽管有一些师部署在法国的海外殖民地执行任务），而德国只有九十八个师，其中三十六个师未经训练。德国部署了四十个师的西线防守兵力，其中只有四个师是训练充分、装备精良的现役师。由于希特勒的战略，若法国想解救波兰共和国，就必须迅速攻打德国。然而，当时法军陈旧的动

第 7 章　第二次世界大战的三个阶段

员方式在大规模征兵方面进展缓慢，根本难以胜任这样的战斗模式。法军的进攻仍然依赖大规模炮火准备，但法军花了十六天时间才让火炮做好战斗准备。这时，波兰共和国已经崩溃了。

波兰共和国的战略位置十分不利——仿佛是夹在德国两颚之间的"舌头"。即便如此不利，波兰军队还是将其主力摆在"舌尖"附近，这就让情况变得更糟了。不仅如此，波兰军队的武器装备落后、作战思想过时，一味把希望寄托在庞大的骑兵部队身上。其实，骑兵部队对德国坦克束手无策。

当时，德国只有六个装甲师和四个机械化师能投入战斗。但古德里安的个人努力加上希特勒的大力支持，让德军在快速作战这条道路上比其他国家走得更远，尽管英国先驱在二十年前就已经设想出这种新战法的作战方式和速度。德国还发展出比当时世界上任何国家都强大的空军。当时，波兰共和国肯定没有如此强大的航空兵力量。即使是法国空军，为陆军提供掩护和支援时也常常心有余而力不足。

德军就是这样首次展示"闪电战"的，而观众竟然就是自己的敌人——波兰共和国。波兰共和国的西方盟友此时还在按照过去的老套路"慢慢"备战。1939年9月17日，苏军从波兰共和国东面跨过边境，从背后给了波兰共和国致命一击——此时，波兰共和国已经无力应对第二个入侵者了。

伴随波兰共和国快速沦陷而来的是长达六个月的平静时期。被这段平静时期迷惑的观察家管这叫"假战争"——其实叫"幻冬"更合适。当时，西方国家上自政要下至百姓，都把时间浪费在制订根本不可能成功的攻击德国侧翼的军事计划上，还口无遮

拦地在公开场合高谈阔论。

其实,仅靠英国与法国的力量是无法击败德国的。现在,既然波兰共和国已经被消灭,苏联与德国成了邻国,英国与法国最好的策略当然是寄希望于彼此不信任的苏联与德国产生摩擦,然后将希特勒具有爆炸性的力量从西往东引。1941年,希特勒命令德军入侵苏联。

不过,之前英国与法国气势汹汹地宣称要"进攻德国侧翼",这刺激了希特勒抢先一步——首先便占领了挪威王国。从缴获的德国会议记录可以看出,直到1940年初,希特勒持有"保持挪威王国中立对德国最有利"的想法。但1940年2月,他就变了卦,命令德军"先于英国人在挪威登陆"。1940年4月9日,一支德军小部队在挪威登陆,随即发动了入侵,占领了挪威王国各大主要港口,粉碎了英国"控制中立国——挪威王国"的想法,而当时挪威人的注意力都集中在驶进挪威水域的英国军舰上。

希特勒把下一场战役的时间定在了1940年5月,地点选在了法国和低地国家。准备工作从1939年秋开始进行。那时,波兰共和国刚刚被灭亡,希特勒向英国提出议和却被拒绝了。因此,希特勒认为,只有打垮法国才能迫使英国同意和谈。然而,从1939年11月开始,天气恶劣,加之德军将领的疑虑,迫使整个行动一再拖延。1940年1月10日,德国参谋携带相关文件飞往波恩,结果因暴风雪迷航而降落在比利时王国。于是,德国必须重新制订进攻计划,德军的进攻日期也因这一失误而延后到1940年5月。当时,对希特勒而言,这是大幸,对盟军而言,是大不幸,战争的全貌更因此而改变。

第7章 第二次世界大战的三个阶段

德军原定的行军路线要经过比利时王国中部的运河沿岸地区，意味着要和英军、法军最精锐的部队正面交锋。这可能会使希特勒威名扫地，因为德军很可能会失败。但曼施坦因提出的新计划完全出乎英法盟军的意料。结果，英法盟军一下子被德军打蒙了，随即遭遇惨败。当英法盟军向比利时王国推进并准备迎战德军在比利时王国和荷兰王国发动的突袭时，大量德国坦克（七个装甲师）却开过了山地崎岖、森林密布、被盟军统帅部认为走不了坦克的阿登。德军突破了英法盟军的薄弱环节，在渡过马斯河时几乎没有遭遇什么抵抗。此后，德军势如破竹，一路向西推进，一直杀到比利时军队背后的英吉利海峡沿岸，将英军、法军、比利时军队的交通线一举切断。此时，德军步兵部队主力甚至没有投入战斗，而胜负已经见分晓了！

英军费尽周折才设法从敦刻尔克搭船渡海逃跑。比利时军队和法军主力部队被迫投降。这带来了无可挽回的后果，因为敦刻尔克撤退后一个星期，德军继续向南进攻，当时的法军已经无力再战了。然而，只要在德军到达英吉利海峡前调集坦克部队来一个反击，这个震撼全世界的大灾难就能被轻易化解！但法国人没有这么做。他们的坦克数量更多，性能也更好，却非要一根筋地遵从1918年第一次世界大战时期"将坦克分散成小股部队"的陈规，不肯集中起来使用。

如果法军没有因急于进入比利时而听任战略要地马斯河防务空虚，或者立刻把预备队调往马斯河，也可以及时阻止德军装甲部队强渡马斯河的行动。但法国最高统帅部不但觉得坦克不能在阿登一带通行，还"推己及人"地认为任何试图攻击马斯河一带的手段都必须参照1918年的定式进行，炮火准备更要一个星期左右。因此，法军有充分的时间调度预备队。但德军装甲部队在1940年5月13日赶到了马斯河一带，下午就开始猛攻各个渡口了。可以说，"坦克速度"打败了过时的"慢动作"战法。

不过，闪电战之所以能进展这么快，主要是因为英法盟军的军事将领还没有掌握新技术，在如何反制上不得要领。英法盟军如果早早在各个通道设置雷场，甚至可以在德军到达马斯河前就将其挡住。即使缺少地雷，只要将通道两侧森林的树木砍倒并横在路上，也能阻挡德军。因为对德军来说，清除这些树木花费的时间是致命的。①

一般人都将法军失败的原因归咎于士气不振，进而推出"法国沦陷在所难免"的结论。这是本末倒置的谬论。法军的士气是在军事上被德军突破后才低落的，这样的突破本可以被轻易挡住。所有部队到1942年时都已经学会了怎么对付"闪电战"式的进攻，但如果能早一点儿学会，又可以避免多少不必要的损失！

第二次世界大战的第二阶段

法国沦陷后，英国成了纳粹德国唯一幸存的对手。英国的局势十分危险，不仅军事上无险可守，而且绵延两千英里的海岸线

---

① 我的一个朋友当时分管马斯河的一段防区。他当时向上面申请准许采用这种设置路障的方法，但被拒绝了，理由是法国骑兵要前进，因此必须保持道路畅通。这些骑兵按时进入了阿登一带，但很快就被击溃了。法国骑兵逃出来时身后紧跟着德国坦克。——原注

第 7 章 第二次世界大战的三个阶段

存在被包围的危险。

英军之所以能退到敦刻尔克避免全军覆没，主要还是希特勒命令装甲部队停止前进两天的怪异举措导致的。当时，德国装甲部队离敦刻尔克这个硕果仅存却毫无防备的逃生港口只有不到十英里。下达这样一道让德军装甲部队停下来的命令，动机是复杂的，其中就包括为了满足好大喜功的戈林"让德国空军赢最后一局"的要求。英军虽然保留了大部分有生力量，但丢下了大部分武器。当时，将十六个师的幸存者整编，只能得到一个装备完整的师用于保卫英国。为了躲避德军空袭，英国只能把舰队安置在德军飞机航程不及的不列颠岛北部。可以这么说，只要德国在法国沦陷后的一个月内发动登陆英国的战役，那么英国几乎没有胜利的希望。

但希特勒和将军们显然并没有为入侵英国做准备，甚至没有为在打败法国后如何追击法军这种显然必要的事情做任何计划。希特勒以为英国会同意和谈，抱着这样的想法白白浪费了最关键的一个月。即便是后来希特勒的和谈大梦破碎了，他也没有积极准备对英国作战。德国海军首脑和陆军首脑其实为当时德国空军未能在"不列颠战役"中彻底消灭英国空军一事感到"高兴"，因为这成了暂停入侵英国的好借口。更奇怪的是，希特勒对种种暂停进攻英国的借口也是一副愿意接受的态度。

从希特勒的私人谈话记录中不难看出，接受暂停进攻英国的借口，部分原因是他认定英国是世界稳定的一大因素，他不愿意用武力入侵的方式摧毁英国，反倒希望将英国争取过来，作为伙伴。但除此之外，还有另一个更关键的因素促成了英国免遭灭

顶之灾：希特勒要转向东方，打苏联的主意了。如果希特勒命令德军全力出击，英国几乎注定毁灭。即便是错过征服英国的好机会，希特勒还是可以利用德国空军及潜艇部队形成合力遏制英国，让其陷入饥荒，并且最终走向崩溃。

希特勒认为，不能倾尽海空兵力对付英国，因为苏军正在德国的东部虎视眈眈，这对德国而言是巨大的威胁。因此，希特勒认为，解决德国后患的唯一办法就是进攻并击败苏联。希特勒极度憎恨苏联的共产主义，这坚定了他先击败苏联的想法。

希特勒是这么说服自己的：英国一旦对"苏联介入战争"一事不再抱有希望，就会同意与德国和谈。然而，在希特勒的幻想中，要不是苏联人煽风点火，英国人早就来讲和了。1940年7月21日，希特勒在首次讨论仓促草拟的入侵英国计划时透露了自己的思想转变。他说："斯大林和英国人眉来眼去，试图把我们拖进战争泥潭，以便他争取时间去夺取那些他需要的、明知在和平到来时不能得到的东西。"由此，希特勒得出结论："我们要把注意力转移到如何解决苏联问题上。"

入侵苏联计划的制订随即展开，但直到1941年初，希特勒才下了"入侵苏联"的决心。德军把入侵日期选在了"6月22日"——比历史上拿破仑·波拿巴入侵俄罗斯帝国早一天。德军装甲部队很快就打垮了仓促应战的苏军，不到一个月的时间就在苏联境内长驱直入四百五十英里，只剩四分之一的路程就到莫斯科了。然而，德国人竟然还是打了败仗，永远没能进入莫斯科。

德军失败的主要原因是什么？秋天泥泞的道路和雨雪显然是重要的因素，但更重要的是德国人低估了斯大林从苏联辽阔的国土上召集作战后备军的强大动员能力①。德军预估要和两百个师的苏军作战。苏联在1940年8月中旬已经有这么多师了，苏军随即又把一百六十个师的兵力投入战场。德军把这一百六十个师打败时，已经到了1941年秋季。德军在泥泞的道路上艰难地逼近莫斯科时，发现前面又来了新的苏军挡住去路。除了斯大林的"人海战术"，德军失败的另一个重要因素就是苏联虽然在十月革命后取得了巨大的技术进步，但在很多方面仍然处于"原始"状态——这不仅是指那些具有非凡忍耐力的苏联军民，更是指苏联堪称"百废待兴"的公路。如果苏联当时的道路系统具备比肩西欧的水平，几乎就会以和法国同样的速度沦陷。即便如此，如果按照古德里安力求的"1940年夏季德国装甲部队不等步兵到达就直接进攻莫斯科"，说不定入侵苏联已经成功了。只是当时古德里安的高论被希特勒和德国陆军"元老级"将领驳回了。

  苏联的严冬让德军疲惫不堪。此后，德军再也没有完全恢复元气。不过，1942年，希特勒虽然还是有一定取胜的把握的。苏军当时缺少装备，战争初期的大败削弱了斯大林对军队的控制。德军势如破竹——希特勒的新一轮攻势直接打到了"高加索油田"这个苏联战争机器的能源供应基地的边缘。然而，这时，希特勒竟兵分两路，同时对高加索油田和斯大林格勒两个目标下手。他仿佛鬼迷心窍了，势必要"打下这个苏军抵抗的象征——斯大林之城"。德军就这样和苏军进行了顽强、反复的战斗，付出了巨大的代价，

---

① 入侵苏联的战争爆发前夕，希特勒曾说，苏军在苏德边境陈兵一百六十个师"纯粹是个谎言"。——译者注

最终被死死挡住。眼看1942年的冬天来临，希特勒却不准部队撤退。随着1942年底新征募的苏军即将到达战场，希特勒的顽固注定将让进攻斯大林格勒的德军陷入被围直到被俘的厄运。

斯大林格勒惨败留给德国一条漫长的、以目前仅存的实力根本守不住的战线。因此，德国将军们坚持认为撤退是唯一出路。但希特勒拒不同意，坚持"不退"，对其他一切意见充耳不闻。然而，一味高呼"死守"的口号不能扭转败局，德军最终还是要撤退的，但撤退都变成了惨败，并且因为延误太久，搭上了巨大的伤亡。

跟当初被战争毁灭的拿破仑·波拿巴一样，希特勒的军队越来越严重地受战线拉得太大的影响。缺少兵力的情况在1940年战火烧到地中海地区后愈演愈烈。当时，墨索里尼趁法国沦陷、英国虚弱加入战争，却给了英国一个利用强大海军力量进行反攻的机会。丘吉尔是一个很善于抓住机会的人，只是有时反应过快，就成了急躁。英国部署在埃及的机械化部队规模虽然不大，却横扫了北非驻扎在意大利的军队，并占领了意属东非。英军本可以一鼓作气地杀到的黎波里，却为了让一支部队登陆希腊而停了下来。结果，盟军在希腊的行动时机不成熟、准备不充分，很快就被德军打败了。意大利军队在北非的溃败，促使希特勒派出了由隆美尔率领的德军前去增援。但当时希特勒正一门心思扑在对苏联作战上，派到非洲的援军力量太弱，仅够支持意大利军队作战，从未做过夺取地中海这一东接苏伊士运河、中控马耳他、西连直布罗陀海峡的门户的尝试。

希特勒在非洲用兵，实际上又"开辟"了一个让德军兵力日渐枯竭的渠道——将隆美尔通过反击"把盟军肃清北非的时间推迟两年多"的战果抵消殆尽。德军被迫三路出击：其中两路沿着地中海和欧洲大陆西岸漫长的海岸线摊开，另一路要在危机四伏的苏联纵深地带苦苦支撑，最终的战败就成了意料之中的事。1941年12月，日本加入世界大战延迟了德国的战败，世界大战的持续时间也因此延长了。不过，从长远看，这种"延长"对希特勒更加致命，因为美国也被卷入了战争。从短期来看，虽然日军偷袭珍珠港致使美国太平洋舰队瘫痪，从而铺平了日军入侵同盟国在西南太平洋的殖民地（马来亚、缅甸、菲律宾和荷属东印度）的道路。但日本是个工业能力有限、在快速扩张的过程中手伸得太长的小岛国，虽然获取了丰厚的战利品，但根本没有保住它们的能力。

第二次世界大战的第三阶段

一旦美国和幸免于难的苏联开始施展自己的实力，德意日轴心国就必败无疑了。因为这三个国家的战争潜力比起盟军弱太多了。只是有两点仍然存疑：第一，打败轴心国还需要多长时间？第二，能把轴心国击败到什么程度？当侵略者转攻为守时，最希望发生的事莫过于"巨人"们变得疲倦，或者彼此之间出现争吵，这样在谈判时就可以争取到有利的和谈条件。不过，只有缩短战线、持久死守才有可能出现这样的机会，而轴心国的领导人没有一个愿意主动"丢脸"撤退。因此，他们就只好继续"寸土不让"，直到最后全线崩溃了。

大战打到第三阶段，没有转折点，只有一个即将到来的高潮。

"高潮"在苏联战场和太平洋战场来得尤其凶猛,因为在这里,盟军不断增加的实力优势和广阔的机动空间结合在了一起,而南欧、西欧战场由于比较狭窄,"高潮"在这里受到了更多阻碍。

1943年7月,因为希特勒和墨索里尼不断把军队跨海运送到突尼斯,企图在那里建立防御阵地,从而阻碍盟军从埃及和阿尔及利亚发动进攻,所以英美盟军首次重返欧洲的难度大大降低了。突尼斯成了让北非轴心国军队全部被俘的陷阱,轴心国对西西里岛的防御也因此变得几乎完全空虚。然而,1943年9月,盟军从狭窄而多山的西西里岛继续往意大利推进时就变得艰难而又缓慢了。1944年6月6日,盟军在英国组建的、为了跨过英吉利海峡反攻德国的主力部队在诺曼底登陆。只要盟军登陆部队站稳脚跟、建立一个足以容纳大部队的巨大滩头阵地并打垮德军的海岸防线,就能取得胜利。一旦盟军登陆部队开始往内陆突进,便可以在广阔的法国平原地带上自由驰骋了。盟军是机械化的,但大部分德军不是。除非在盟军最初登陆的那几天就将其赶下海去,否则德军防线最后注定崩溃。在战场上空,盟军空军对德国空军形成了三十比一的绝对优势。盟军的空袭十分猛烈。德军装甲预备队瘫痪了,终归无法及时前往战场。

即便德军能在诺曼底滩头打退盟军的登陆,盟军仅凭巨大的空中优势,最终还是会打败德国。1944年以前的战略空袭被过分高估,实际远未达到替代地面进攻的要求。无差别轰炸轴心国城市不会让轴心国的军需生产数字有太大下降,更不会如预期般瓦解轴心国民众的反抗意志——因为轴心国的暴君对民众实施暴虐的集体控制,民众亦不可能对高空中飞行的轰炸机投降。然而,

第 7 章　第二次世界大战的三个阶段

1944年到1945年盟军的空中力量得到了更好的发挥，不仅轰炸精度日益提升，还专门轰炸对轴心国顽抗来说极端重要的主要军火生产中心。不仅是在欧洲，在远东也是如此——因为美军航空兵的强大威力，日本必败无疑，根本无须动用原子弹。

战争形势转变之后，阻挡盟军前进的反倒是自设的障碍——同盟国首脑提出了不甚明智、目光短浅的"无条件投降"要求。"无条件投降"是对希特勒和日本军部控制两国民众的最大帮助。如果同盟国首脑精明一点，提出带有某些保证的和平条件，他们甚至能在1945年以前就动摇希特勒对德国民众的统治。

早在1942年，在德国搞得如火如荼的反纳粹运动的干将曾向同盟国领导人公布了准备推翻希特勒的计划，以及一份有很多军人名字在列的倒戈名单——他们只需要同盟国在和平条件里给予某些保证作为交换条件。但同盟国无论是在当时还是事后都没给这些反对分子任何指示或者保证。于是，他们就很难在铤而走险时得到支持了。

"不必要的战争"就是这样被不必要地延长了，随之搭上了几百万条人命，最后换来的和平产生了新的威胁和人们对"第三次世界大战"的恐惧。